「毎日着たい」
「この服だけあればいい」

そう思える、自分だけの「一セット」が見つかれば、
心が満たされ、人生が変わるのです――

2023年に一番よく着た、私にとっての最高の一セット

稼働率 100 パーセントの
クローゼットが
自信をくれる

新しい服よりも
まず買うべきは全身鏡

靴は自己評価。
難しいから最初に選ぶ

「靴３足」のワークで
今の自分に必要な靴を揃える

自分を大事にするように、
靴もメンテナンスを

ブランドバッグは"演歌"。
やるせない人生を救ってくれる

バッグは自己紹介。心ときめくバッグがおしゃれの突破口に

不注意で汚れたバッグが
ピカピカになって帰ってきた！

アクセサリーはアイデンティティ。
自分らしさ溢れる表現を

サイズは調整できるから思いきり好きなものを選んでみる

気分が上がらない
ものは手放して、
スッキリ

自分らしさを表すのは
服じゃなくてもいい。
見えなくてもいい

美容は夏休みの自由研究のようなものとして取り入れる

好きな色、
肌触りのよさは
安心をくれる

気に入ったものは
持っているだけで嬉しい

モヤモヤファッションを脱出したいなら
「ファッション日記」をつけてみる

「手を飾るワーク」は自分に制限をかけない実験。
飾る楽しみを知って、ときめきを取り戻す

自分の人生に集中したいときに選んだ、
ワイズのワンピース。華やかさはない
けど、この服に出会ったとき、自分に
新しいスイッチが入った

「一セットの服」で
自分を好きになる

あきやあさみ

幻冬舎

はじめに

「なりたい自分」を知っていれば「心を満たす服」が手に入る

「服はたくさん持っているけれど、今日何を着たらいいか分からない」
「なんとなく好きな服を着ているけど、人前で堂々とできない」
「似合う服と着たい服が違うから、どちらを着ていても中途半端な気がする」
「人にファッションを褒められても、受け入れられずモヤモヤしてしまう」

スタイリストとして活動している私の元には、こんなお悩みが毎日のように届きます。
クローゼットいっぱいの服を持っていても、トレンドの服を着ていても、周りに「似合うね」と言われる服を着ていても、**自分が気分よくいられる服**でなければ悩みは尽きないものですよね。

最近では、**「自分のことを知りたい」「自分に自信を持ちたい」そのためにファッション**

の力を借りたい！　というご要望が増えました。周りの意見に惑わされずに服を選んで、自分で自分を受け入れたい。しかし、そのためにはどうすればいいのか分からない。服選びの悩みを超えた、心のあり方や考え方のご相談です。

問題は「なりたい自分」が分からない

おそらく、そんなみなさんが抱えている問題は、ファッションの話だけではなく、「なりたい自分」や「なりたい気持ち」、つまりは、自分の目指したいところが分からないということではないでしょうか？

どんなに多くの服がクローゼットに揃っていたとしても、周りの人にファッションを褒められたとしても、自分の目指す方向が分からなければ、ずっと満たされない状態が続いてしまいます。服をたくさん買っては手放して、ついには自己嫌悪に陥ってしまう……。

そんなときは、服選びの前に**自分の気持ちと真正面から向き合う時間が必要**です。

「なりたい自分」を知っていれば、たくさんの服を持たなくても心から満足できる服が手に入り、周りの目にも振り回されなくなります。

制服化とは、自分にとって「最高の服」を選び抜くこと

私はスタイリストですが、毎日同じ服を制服化して過ごしています。

制服化とは、ファッションをパターン化して少ない服を着回すことです。もちろん、心地よく着るための「機能性」は重要ですが、必要なのはそれだけではありません。

私が推奨している制服化は、なりたい自分像、好きなもの、似合うもの、トレンド、TPO、そして機能性という6つの要素を自分に合った心地よいバランスで取り入れること。

そして、**どこに行っても堂々と振る舞える服が私の理想とする「制服」**です。

そんな条件が揃った「究極の一セットを手に入れたい！」と思っても、そう簡単には見つけられません。でも選ぶ基準が「この服でいいや」から「この服が着たい」に変わると、服選びの審美眼がどんどん磨かれていきます。

「少ない服で過ごす」と聞くと、自由にファッションを楽しめなくなるのでは？　と不安に思うかもしれません。しかし、実際に**心からお気に入りの服が手に入ると、「この服で毎日過ごしたい」と思えるので、自然と購入する服の「数」が減っていきます。**たくさん

のものを所有しなくても満ち足りた気持ちで過ごせるようになるのです。

「最高の一セット」を選ぶことで、思考が前向きに変わっていく

最高の服を選び抜くには、自身の考え・自分らしさを深く理解する必要があります。「私らしいファッションってこんな感じだな」と納得できるまで自己理解を深めると、周りの声に心を振り回されず、ゆったりとした気持ちでいられます。

じわじわと「選ぶ服」と「思考」が前向きに変わっていくのです。

この本のタイトルには「一セットの服」とありますが、私はみなさんに「たくさんの服を持つのは良くないことだ」と言っているわけではありません。

ただ、真剣に服を選んで、最高の一セットを作ることができたら、**今よりも少しだけ、自分のことを誇らしく思えるようになれます**よ。というご提案なのです。服選びを通して「目指したい自分」に近づけた。そんな効果を感じていただけたら幸いです。

目次

2 服は、自分を守る味方

3 服は、コミュニケーション道具

4 服は、練習 125

5 服は、生き方

1

服は、なりたい自分

「なりたい自分」はモグラのように深掘りして考えよう

みなさんは服を選ぶとき、最初に何を考えますか？　パッと見て、「かわいいな」と思った服、手持ちの服を思い浮かべて合わせやすそうだなと思った服、デザインを見て動きやすそうだなと感じた服。人によってさまざまな判断基準があると思います。

そんな風に選んでいっても「なかなか満足のいくファッションができないな」と感じている方がいらっしゃったら、これから服を選ぶときにやってみてほしいことがあります。

それは最初に「こんな人になりたい」「こんな風に生きていきたい」という理想像を思い浮かべ、そのイメージから服を選んでいくことです。

理想に紐づく「言葉」が見つかると、自分が「何を着たらいいのか」「その服を着て何をしたいのか」が明確になって、「服選び」や「行動」がスイスイ進むようになります。

そんな自分の「なりたい像」を設定することを私は「コンセプト作り」と呼んでいます。

そして、その**コンセプトに合わせた服選びをしていきましょう！**　とおすすめしています。

しかし、自分の「なりたい像」っていざ考えようとすると難しいですよね。

・いきなり聞かれても、自分の「なりたい」が思いつかない
・昔は「なりたいもの」があったけれど、今はなくなってしまった

そんな方も多いのではないでしょうか？「なりたい」を見つけるためには、自分の内面に深く入り込み、心の奥底まで探求する必要があります。まるでモグラが地中深く穴を掘り進むように思考を深めていくので、私はこの活動を「**モグラ活動**」と呼んでいます。

自分のコンセプトを見つける「モグラ活動」の方法

①自分の内面深くに潜り、キラッと輝くキーワードを見つける
②キーワードを組み合わせて自分のコンセプトを作る
③コンセプトに合わせてファッションを選ぶ
④コンセプトに合わせた行動をする
⑤迷いが出たらまた巣穴に戻り、コンセプトを考え直す

あなたがしっくりくる言葉であれば、どんな「なりたい」でも「コンセプト」でもOKです。好きな雑誌や本、映画、音楽などを見返して、「キーワード」を見つけていきましょう。①〜⑤を繰り返していくと、少しずつ自分にぴったりのコンセプトが見つかります。

「なりたい」を邪魔するもの

自分と真剣に向き合い、「なりたい」を考えると、こんな葛藤が出てきてしまうことも。

①なりたい自分を「見た目」だけで考えて、現実との差に落ち込んでしまう
②過去に人から言われたことに囚われて「なりたい自分」を見失ってしまう
③現在の環境や体調により、「なりたい自分」に向き合うことが難しい
④自分と違うタイプの人に憧れて、「そうなれないなら最初からやらない方がいい」と思ってしまう

「コンセプト（目指したい自分）を考えようとしても、いつも否定的な声が頭の中に聞こえてきて、そこで考えが止まってしまう」そんな風に悩んでいる方もいらっしゃるのではないでしょうか？

ここからは、行き詰まってしまったときの解決方法を一緒に考えていきたいと思います。

①なりたい自分を「見た目」だけで考えて、現実との差に落ち込んでしまう

さあ、ファッションを楽しもう！　というときに

- 自分は美人さんじゃないから、どんな服を着ても似合わない
- スタイルが良くないから、何を着てもきれいになれない
- 身長が低いから（高いから）、上手く服が着こなせない
- もう若くないから、頑張っても昔のようになれない

こんな風に自分の理想と現実の外見を見比べて**「こんなに理想と違うから、一生懸命に**

服を選んでも意味がないんだ」という思考に囚われてしまうことがあります。

なかにはそう思い込むあまりに装うことへの意欲が湧かず、わざと「美容」や「ファッション」を自分から遠ざけてしまう方もいらっしゃいます。

さあ、そんなときは、モグラ活動です。自分の思考を掘っていきましょう。

まず、服選びのときに考えてほしい「なりたい像」は、見た目の話だけではありません。**もっと広い意味で「いつかこういう人になりたい」**というイメージを思い浮かべていきましょう。

例えば私は、面白いものが大好き。独自の発想を持って、もっと上手く話せるようになりたいと思っています。

なので、服を選ぶときも**「この服は自分にとって〝面白い〟かな?」**といつも考えています。「新しいブランドに挑戦する」というのも私にとって面白いことですし、「迷ったら、より意外な方を選ぼう!」と選択するのも面白いことです(きっと「面白さ」の基準も人それぞれ。掘りがいがありますよね)。

そんな風に、**視点を変えて服選びをしてみると、「一歩一歩確実に〝なりたい自分〟に近づいているな」と感じることができます。**

美しい人になりたければ、美しいものを身につけてみる

同じように、「美しい人になりたい」と思っている方がいたら、やってみてほしいことがあります。それは、自分が美しいと感じるものを身につけて、じっくりと眺めてみることです。そして**「私はなぜそれを美しいと感じるのだろう?」と考えて言葉にしてみる**ことです。

「人前できれいな服を着るのは気後れしてしまう」というのであれば、**「思わず見つめてしまうくらい美しいハンカチ」**を一枚買って、毎日バッグの中に入れて持ち歩いてみましょう。目に入るところに自分が選んだ「美」があるだけで、心が穏やかになって自然と仕草が優雅になります。

自分の頭の中で考えている「美しさ」をモグラ活動で集めていくと、きっとどんどん「美の基準」が広がっていきます。顔立ち、体型、美容だけにとどまらず、仕草や表情、

言葉使いなど、自分でコントロールできる範囲で「きれいだな」と思えるところを増やしていくことが大切です。

そしてその活動を続けていけば、見た目と心の美しさ、ふたつのトンネルはきっとひとつに繋がります。

②過去に人から言われたことに囚われて「なりたい自分」を見失ってしまう

人から言われたことをずっと気にしてしまって、自分の「なりたい」を見失ってしまうケースもよくあります。心の中をいくら掘っても、今まで「自分の容姿やファッション」に対して投げかけられた「他者の言葉」がドロドロと出てきてしまうのです。

・かわいい服は、あなたには似合わないよ
・高価な服なんて分不相応だよ
・そのデザイン、年齢的にもう合わないんじゃない？

そんな、身内や友人に投げかけられて傷付いた言葉、またはSNSなどで偶然目に入ってしまったトゲトゲの言葉を「うわぁっ」と思い出し、本当の「なりたい」に辿り着くまで、だいぶ時間がかかってしまうことも。

まずは、その**「否定的なトゲトゲ言葉」を全部紙に書き出してみましょう。**

そして天空からその言葉を見下ろして、**果たして自分も本当にそう思っているのかな？**（その言葉に賛成しているのかな？）**と考えてみてください。**

他人からの言葉（もしくは、こうでなければと思い込んでいる世間体）を出し切ってから「なりたい」探しの始まりです。

ちょっと苦しいけれど休みながら頑張りましょう（体調が悪いときは落ち込んでしまうので避けましょうね）。

そして、**「やっとマイナスな言葉を出し切れたな」と思ったら、次のステージです。今度は「好きなもの」や、「心地よいと感じるもの」を書いていきましょう。**

「かわいいものが好き」「きれいなものが好き」「直線的なものが好き」「ダークでメルヘンな世界観が好き」ファッションだけに囚われず、心に浮かんだまま書いていきます。

無意識の思い込みをなくして、宝物を見つけよう

最後に、**たくさんの「好き」の中から、今あえて掴みたい「なりたい気持ち」を見つけ出しましょう。**「優しくなりたい」「かっこよくなりたい」「強くなりたい」「自立したい」など、ふと心に浮かんだ「キラリ」と輝く言葉を書き出します。

その言葉をじっくりと眺めて、「私にとっての優しさとは？」「かっこいいとはどんなこと？」「どんな人を強いと思うのかな？」「自立とはどういうこと？」と具体的な状況やイメージを書き込んでいきましょう。

時間をかけて向き合ううちに、「ふむふむ、どうやら**私にとっての〝なりたい〟はこういうことらしい**」と思考がまとまっていきます。

それが掘り出した**あなただけの「キーワード」**です。

できるだけ他人から投げかけられた言葉ではなく、自分の言葉で語れるようになるまで何度も繰り返してみてください。そしてその言葉のイメージから自分がこれから着たいフ

アッションを連想していきましょう。

③現在の環境や体調により、「なりたい自分」に向き合うことが難しい

・家庭の事情等で、生活環境が安定しないとき
・仕事が忙しすぎて、時間に余裕がないとき
・病気の治療中などで、体調が安定しないとき

それぞれの事情があって「なりたい」と向き合うのがつらくなってしまうことがあります。

そんなときはモグラ活動をちょっとの間お休みしましょう。そして草原に寝そべってふわふわと流れる雲を見るように**「こういう気持ちでありたいな」という言葉**を思い浮かべてみてください。

・心穏やかでありたい

・のんびりマイペースに暮らしたい

流れてきた気持ちをひとつずつ書き出して、ファッションに取り入れてみましょう。肌触りのいい服や、締めつけの少ない服、リラックスできるスタイルを選んで心地よい気分を育みましょう。

④自分と違うタイプの人に憧れて、「そうなれないなら最初からやらない方がいい」と思ってしまう

時には「自分と正反対の人」や「遠い存在」に憧れてしまうこともありますよね。**見た目も性格も生い立ちも考え方も自分と違うタイプだからこそ、とても魅力的に見えるもの。**しかし、「そうなれないと悲しいから何もしない」とはじめから諦めてしまうのは、ちょっともったいないことです。

そんなときは、**まず憧れの人の「ファッションや見た目」ではなく、「行動」だけ取り入れてみましょう。**

例えば「このモデルさんが憧れ！」と思ったら、その方の「ファッション」ではなく「行動」に注目し、スキンケアやストレッチ方法を取り入れてみます。

「この作家さんの小説が好き！」と思ったら、「小説を書く」という「行動」の部分だけ、参考にさせてもらいましょう。最初は誰でも上手くいかないものですが（きっと憧れの人も最初から上手くいくことはなかったでしょう）、一歩踏み出してみることで多くの発見や実りがあります。

その小さな行動の積み重ねは、必ず「なりたい自分像」に近づけてくれます。憧れの人の見た目に近づけるというより、**同志として成長していくイメージ**です。

行動して作ったものを人に褒められたり、認められたりする必要はありません。ただ一人遊びを楽しむようなイメージでやってみましょう。

行動しているうちに、より**自分の延長線上にある「なりたい像」や「行動するときに着たいファッション」が見えてきます。**

「なりたい」が見つかったら、見る・触れる・身につける

①〜④の葛藤を超えて、自分が「こうなりたい」と思うコンセプトが見つかったら、モグラの巣から地上に繰り出して、どんどんファッションを見て、触れて、身につけていきましょう。思い切って行動すると、

「こんなに楽しいファッションの世界があるんだな」

「何も怖がる必要はなかったんだな」

と、**だんだんと自分を受け入れることができます。**

たまに他のモグラたちに遭遇しても、自分と比べて落ち込むことはありません。情報交換や交流をして「楽しかったな」「新しい発見があったな」と嬉しいお土産を持って自分の巣穴に戻りましょうね。

想像の翼を思いっきり広げよう

「おや、ファッションの話がなかなか出てこないぞ？」と思った方、もう少し待ってください。大事なことなので時間を使っています。

ところで、**みなさんは想像や空想って得意ですか？　苦手ですか？**

「ファンタジーが大好き！　架空の世界の物語を考えるのが大好き！」という人もいれば、「アイデアを出したり、空想したりするのが苦手で……」という人もいるでしょう。

もしかしたら、「はて？　服を選ぶことと想像や空想ってどんな関係があるの？」と疑問に思う方もいらっしゃるかもしれません。

何を隠そう（全く隠せないのですが）、私は無類の想像好き！　気がつけば、ぼうっと自分の理想郷を考えている、夢の世界の住人です。

「制服化」という言葉を聞くと、「現実的で合理的な服選び」というイメージを思い浮かべるかもしれません。しかし、**自分らしさを知って、服選びを楽しくするためには「想像力」は必要不可欠。**ファッションを楽しむための大きな手助けになってくれます。

ファッションを「現実」の枠組だけで考えると、ちょっと窮屈な気分になってしまうことがあります。例えば、

「3000円以下でトップスを手に入れたい」

「通勤に使うスカートを、着回し用に3着、できるだけ安く買わなくちゃ」

「職場で目立たないように、できるだけ無難な服を買わないと」

こんな風に、計画を立てている方はいませんか？


金額や用途の制限を最初から厳しくしすぎてしまうと、「まあ、私の手が届く範囲は、こんなものだよね」と**セルフイメージが固定され、自らが作った枠の中で息苦しくなってしまう**ことがあるのです。

「最近、全然ファッション楽しめないんだよね」

「服選びは面倒くさいし、気が重い」

「着たい服や、欲しいものがないんだよね」

そう感じている方は、大体、この「想像」の過程を踏まずに服を選んでいることが多いです。

そこで、一度思い込みの檻を壊して、自由に考えてほしいのです。

美術館に行くような気持ちでファッションを見てみよう

①枠を決めずに自由な想像をして選んだ一セット

②現実的な予算や用途から選んだ一セット

①と②のコーディネートをどちらも真剣に考えてみてください。

きっと、かなり違ったファッションスタイルが出来上がったのではないでしょうか？

もちろん①の服装は、実際に購入して生活するのは現実的ではないかもしれません。しかし一度大きく視野を広げてみると、これから服を選ぶときの視点が変わってくるはずです。

まずは、想像を広げるためにファッションの世界を広く覗いてみましょう。

例えば、YouTubeでシャネルやディオール、プラダ、グッチなどのブランドのコレクション（パリコレなど）を見たり、ヴォーグやヴァンサンカン、シュプールなどの雑誌をじっくりと眺めたりしてみましょう。

そこには、装飾的で華やかで贅を尽くしたファッションの世界が広がっています。**服を**

探すというよりは、美術館や博物館、テーマパークに行くような気持ちになってください。

そこで見られるものは、なかなか買えない価格帯のものばかりですし、日常的に着用できる服ではありません。しかし眺めているうちに「最高峰ってこんな感じなんだな」「もし何も縛りがなかったら、こんな服を着てみたいな」と、**解放的で自由な発想ができるようになります。**

直感で「なんだかいいな」と思った服や雑貨を「美術館に展示されている作品を見るように」じっくりと観察してみましょう。

「赤いワンピースにシルバーのアクセサリーの組み合わせがかっこいいな！」

「透き通った淡いブルーのワンピース、海の中にいるみたいできれいだな」

「この美しい布の重なり、どうやって作っているんだろう」

そんな風に「心が惹かれた部分」に注目し、静かに観察することで、自分の「好き」や「興味」を敏感に感じられるようになります。

身近すぎるものや、手の届く範囲のアイテムだけを見ていると、「今の自分に似合う・

似合わない」「今の生活に必要・不必要」「今のタイミングで買う・買わない」といった視点でしか判断できないものです。

まずは手の届かないほど非現実的なファッションの世界や、映画や本の中など、現実とは離れたものを「これも経験のうち」と思って味わってみましょう。

想像の世界を見て、イメージをしっかりと膨らませてから選んだ服は、手頃な価格であっても、「この（自分が大好きな）世界観から切り取ったもの」というワクワク感が生まれます。**「培った想像力」は確かな土台となり、あなたのリアルクローズを支えてくれます。**

翼を広げてからファッションを選ぶと「飽きない」

「制服化」をしていると必ず「同じ服をずっと着て飽きないんですか？」とか「新しい服を買うのを我慢しているのですか？」と聞かれます。

私はほぼ毎日、同じ服を着続けているのですが、これが不思議と飽きないもの。「むしろ、この服をもっともっと何回も着たい！」という気持ちでいっぱいです。それは、**想像から生まれる「憧れ」の言葉を、実際に着る服に反映**し、身に纏《まと》っているからです。

例えば私はファッションデザイナーの山本耀司さんがインタビューでおっしゃっていた「一着の服を選ぶってことはひとつの生活を選ぶってことだぞ」という言葉に影響を受けて、一層真剣に服を選ぶようになりました。

はじめて買ったワイズ（山本耀司さんが手掛けたブランド）のワンピースは、私の宝物であり、その服を着ると「時代に流されることのない価値観を持つ、自立した女性」というワイズの信念を身に纏っている気分になります。

服を作るブランドやデザイナーの**考えを知ってリスペクトすると、「飽きる」という感情が生まれません**。一時的な「好き」は変わっていくかもしれませんが、「敬意」は長く続くもの。

まずは自分の気持ちに制限をかけず、想像の翼を大きく広げていきましょう。

新しい服よりも先に「全身鏡」を買おう

さあ、「想像の世界」から、「現実の世界」に戻ってきました。

本書を読んでくださっているみなさん全員に、おすすめしたいアイテムがあります。それは、「全身鏡」です。お持ちでない方は、新しい服を買うよりも先に全身鏡を買いましょう。

全身鏡を選ぶポイントとして、できれば大きめのもの（幅40センチ以上×縦150センチ以上）、そして、周りの「枠」ができるだけ細いものをおすすめしています（枠が太いと、その分、鏡の面積が小さくなってしまうからです）。

・全身がゆったり視界に入って、背後に部屋が少し映るくらいの余裕があると、しっかりとファッションに向き合えます。
・自立するタイプの全身鏡がおすすめです（部屋の中で、いろんな光の当たり方のところへ移動できるため）。
・玄関のシューズクローゼットや、お風呂に備え付けられている鏡は、いくら大きくても冬場は寒く夏場は暑いので、じっくり観察するのに適していません。長時間薄着でいても落ち着いていられる場所に置けるものが良いでしょう。

全身鏡で自分のファッションを俯瞰しよう

なかには、「できるだけ鏡を見たくない」「自分の姿を直視するのがつらい」という方もいらっしゃいます。私も思春期からずっと体型コンプレックスとの戦いを続けてきたので、お気持ちは痛いほど理解できます……。特に学生時代は「鏡を見るのが怖い、苦痛だ」と感じてしまうこともありました。

しかし、そんなときでも「**大好きな服を着ていると、不思議と鏡を見ることが嫌じゃない**な」と気がついたのです。

まずは、鏡に映る好きな色や好きな柄を見ることに集中し、慣れてきたら自分自身を俯瞰してみましょう。

みなさんに「大きな全身鏡を買いましょう」と提案すると、「(ゴクリ) それはつまり、現実の自分の肉体に向き合えということですね」と言われてしまうことがあるのですが、それは少し違います。

顔の造作やありのままのボディラインと向き合うというよりは、頭の先から足の先まで、じっと自分の「ファッション」を観察しよう。そして全体のバランスを見たり、細かなところに目を向けたりしよう、ということです。

鏡と向かい合うのに気分が上がらないときも、落ち込む必要はありません。その日はゆっくり休んで別の日にチャレンジしてくださいね。

「全身鏡のワーク」は土台作りの土台

全身鏡を用意したら、ぜひこちらのワークをしてみてください。

①部屋の中央に全身鏡を置きます
②お気に入りの靴を履き、バッグを持ち、アクセサリーを身につけ、服を着て、メイクやヘアスタイリングまでした状態で、じっくりと自分自身を観察します
③袖をまくったり、トップスの裾をボトムスにインしたり、いろいろな着こなしを試しましょう

④鏡に近づいたり離れたり、距離を変えて見てみましょう
⑤鏡を日の当たるところやちょっと暗いところに移動して、メイクや服の色、質感の変わり方を見てみましょう
⑥スマートフォンやカメラで全身鏡に映った自分の写真を撮っておきましょう

靴を履く際には、部屋を汚さないようにマットや新聞を敷いておくと良いでしょう。カメラのタイマー機能を使用して、全身の写真を撮るのもおすすめです。

何か発見はありましたか？

- いつもは部屋の壁際に置いている全身鏡をたまに部屋の中央や光の当たり方が変わるところに持ってくると、見え方が変わります。
- 冷静に観察してみると、「この靴、今はそんなに気に入ってないな」とか「バッグを少し小さくするとバランスが良くなるかも？」といった改善点が見つかります。
- 「今私に必要なのは、服ではなくヘアスタイルを変えることだ！」など、全身のバラ

ンスから髪型やメイクの改善点が見つかることも。

全身鏡は、いつもピカピカで覗き込みたくなる状態にしておきましょう。鏡と上手に付き合えば、「なりたい自分」に近づくことができます。

全身鏡があると外出先でのガッカリがなくなる

「外出先でいつも自分の姿を見てガッカリしてしまう」というAさんのお話です。

「どうしてもファッションに自信が持てない」ということで話を聞いてみると、「実は、家に全身鏡がないんです」とのこと。今までは、洗面台の鏡で「なんとなく腰から上を見て」服を選んでいたとのことでした。

最初は「部屋が狭いから全身鏡なんて置くのは無理！」とおっしゃっていましたが、少し部屋を整理して、大きめの全身鏡を購入されたそうです。

明るい日差しの入る部屋の中央に全身鏡を置き、手持ちの服を着てみると、

・昔は好きだったけれど、今はもう合わなくなった服

・よく見ると毛玉やほつれ、汚れがあり、くたびれて見える服

がたくさん出てきてびっくり！　タンスひとつ分、服を手放すことができたとのことでした。

そして、「全身鏡を見てコーディネートを決めるようになったら、外出先でガッカリすることがなくなり、自分のファッションにも自信を持てるようになりました！」と喜んでいらっしゃいました。

全身鏡で自分のファッションを観察することは、満足いく服選びのために、とても効果的な方法です。

制服化の土台は「服」じゃない

さて、ここからが（やっと）ファッションのお話です。制服化するときに気をつけなければいけないことがあります。それは「服」を先に買ってはいけないということ。

制服化の土台となるのは、服ではありません！　驚いた方もいらっしゃることでしょう。

でもみなさん、こんな経験はありませんか？

・かわいい！　と思ってワンピースを買ったけれど、それに合う靴を持っていなくてなんだかコーディネートがチグハグ。結局一回も着ないまま、数年経ってしまった。
・試着して「これが似合うな」と思った服を着ているけれど、全身鏡を見たときに「あれ？　服とバッグが合っていないかも？」と違和感を抱いてしまう。
・直感で「好き」と思う服を買っては、「なんか違うな？」と感じて手放しての繰り返し。そういえば、靴とバッグとアクセサリーは人からのお下がりやもらい物が多くって、真剣に選んで買ったことがないかもしれない。

こんな風に、「服」は選んで買っていても、「靴とバッグとアクセサリー」は後回しにしていたな……という方がたくさんいるのです。

実は、私もこの「小物選び」をおざなりにしていた時期がありました。好きな服を買っても、靴やバッグとの組み合わせが上手くいかず、結局クローゼットに眠ったまま。そのときは「なぜ好きな服を着ていても満足できないのだろう？」とぐるぐる考えていました。

そこで、最初に「靴」から真剣に選んでみたところ、全身のバランスが取れるようになり、この悩みがすんなりと解消されたのでした。

制服化の土台「靴」「バッグ」「アクセサリー」は「靴」から選ぶ

制服化をする際は、①靴②バッグ③アクセサリーの順番で手に入れていきましょう！

「これが私の三種の神器です！」と揃えたところでファッションの土台が出来上がります。

最初に選ぶのは靴です。お気に入りの靴が決まったら、次にバッグを選び、バッグが決まったらアクセサリー（ネックレス・指輪・ピアス・イヤリング・イヤーカフ・ブレスレット・腕時計・ヘアアクセサリー・ベルト・メガネ・スカーフなど）を選びましょう。最後に服とアウターを組み合わせていけば、コーディネートがまとまらなくなることはありません。

「お買い物に行ってかわいいスカートが見つかったから買っちゃった」

「気に入ったコートがあったから衝動買いしちゃった」

と、土台が定まらないまま買い物を繰り返していると、いつまでもおしゃれ迷子から抜け出せません。

まずはじっくりと靴、バッグ、アクセサリーに自分の「美学」を詰め込んでいきましょう。

制服化の土台作り① 靴選びのワーク

ファッションの土台を作るとき、**最初に見直してほしいのは、シューズクローゼット**です。前作『一年3セットの服で生きる』の中でも**靴は自己評価**であるとお伝えしています。「今みなさんが履いている靴、それがあなたの自己評価を表しているんですよ」なんて言われたら、ちょっと「ドキッ」としてしまいますよね。

- よく見るとかかとやつま先、靴の裏がボロボロ
- 安価な靴をたくさん買って、限界になったら捨てている
- 靴磨きなど、手入れをしたことがない

手持ちの靴のほとんどがそんな状態だとしたら、「自己評価」という言葉がグサグサと心に刺さってしまうかもしれません。

実は、私もつい数年前までは安価な靴を買って履き潰して、ボロボロになっては捨てて……というのを繰り返していました。

サイズ選びも上手くいかず、かかとがパカパカ浮いてしまったり、足首が安定しなかったりと、「このままだと足の健康によくないな」と感じていました。一日履いては足が疲れてぐったり。休日は外に出たくない！　と思うほどでした。

そして、サイズが合わなくて履かなくなった「まだきれいな靴」を、ギュウギュウに重ねて収納に押し込んでは、なんだか心にも疲労が溜まっていきました。

自分に自信がないと、「いい靴なんてもったいない」「どうせ汚れるからこれでいいか」と適当に靴を選んで結局履かなくなってしまいます。

しかし、この状況を改善したいと思い、「毎日ケアしたくなるような素敵な靴」を選ぶようになってからは、自然と靴と自分を大切にできるようになりました。

靴は一番難しい。だから最初に選ぶ

「履き心地がいい靴はデザインが好みではない」「デザインがかっこいい靴を選ぶと足が痛くなってしまう」という経験、きっとみなさんもありますよね。

靴は「機能」と「見た目」のバランスを取るのがとても難しいアイテムです。人それぞれの足の形やサイズがあり、しっくりくる履き心地、必要な機能、好きなデザインなどを考えると、「ぴったり合うもの」がかなり限られます。

靴はファッションの地盤です。どんなにきれいな服を着ても、どんなに上手くメイクができても、靴が合っていなければ全体のバランスが上手くまとまりません。

選ぶのに一番時間と手間がかかる分、最初に靴を選ぶことが「ファッションを切り開く鍵」になるのです。

必要な靴が見える「靴3足」のワーク

最初は手持ちの靴で「靴3足」のワークをしていきましょう。

今、家にあるあなたの靴をすべて出して、全身鏡の前に集めてみましょう。収納の奥にしまい込んでいる靴も全部です。じっくり時間をとってワークを始めましょう。

①手持ちの靴をすべて一箇所に出します
②全身鏡の前で、一足一足履いてみましょう
③その中から「今、これを履きたい」と思える靴を3足選びましょう

その3足の靴で1ヶ月過ごしてみてください。

・選ばなかった靴はまとめて箱などに入れて部屋の隅に置いておきます。1ヶ月間、3足の靴で生活してみて、「不便だな」「やっぱりあの靴も履きたい」と感じたら一足ずつ戻していきましょう。
・履いてみてどこか「痛いな」と感じたもの、今の気分と違うもの、すでに履き潰してクタクタなものがあったら手放しましょう。
・特別な用途の靴（トレーニング用の靴、冠婚葬祭用の黒パンプス、山登り用のブーツ、

レインシューズなど）は3足にカウントしなくてOKです。

・季節ごとに履きたい靴が異なる場合（冬はブーツや革靴、夏はサンダルなど）は、季節の変わり目に合わせて年に数回同じようにワークをしてみましょう。

このワークに取り組むと、今、自分に必要な靴が見えてきます。以前は好きだったけど履かなくなってしまった靴や、便利だけど気分が上がらない靴はこの機会に思い切って処分すると、シューズクローゼットがスッキリして快適に過ごせます。その状態をキープしていきましょう。

「最高の靴」を見つけるワーク

シューズクローゼットが整ったら、次は「最高の靴」を見つけていきましょう！

「今、自分が一番よく履いている靴」（スニーカーでもローファーでもブーツでもパンプスでもなんでもOK）を選び、**「その靴の最上級バージョン」**を探します。

①インターネットで最高の靴を探す

あなたが一番よく履いているのがスニーカーだとしたら、まずはインターネットで価格が高い順にスニーカーを検索します（買うことが目的ではないので、手の届かない価格のものもどんどん調べましょう）。

20万円、10万円、5万円、1万円、5000円……とさまざまな価格帯のスニーカーを探して、「素敵！」と感じたものを、どんどんメモにまとめていきましょう。

②調べた靴を試着する

メモにまとめた靴を「価格が高い順」に試着していきます。お店の全身鏡でしっかりとバランスをチェックしましょう（店員さんに写真を撮ってもいいか聞いて、可能だったら全身写真を撮っておきましょう）。

③「最高の靴」を決める

試着写真を見返して、サイズ感、履き心地、機能、デザイン、価格などを考慮し、「これが一番いい」と思えたものが、あなたの今の最高の靴です。

④同様に、他の靴も「ベスト」を決める

一番よく履く靴が選べたら、パンプスやブーツなど他の靴も、**自分の使用頻度の高い順番に最高の靴を手に入れましょう。**入れ替えに数年かかっても構いません。コツコツ探していけば、あなたの最高のシューズクローゼットが出来上がります。

高価な靴から試す理由

あえて高価なものから探してほしい、試してほしいというのには、理由があります。ほとんどの方は「自分の手が届く価格」のものしか調べたり試着をしたりしないので、探す範囲が狭くなってしまうからです。

「買わなくていい、知るだけでいい」という前提で視野を広げると、選べる範囲が格段に広がります。

試しにルイ・ヴィトンやバレンシアガ、プラダなどのスニーカーを履いてみると（20万円近くすることもあります）「高価なスニーカーはこんな履き心地で、鏡に映った自分はこんな風に見えるんだな」という体験ができます。

知識として「知っている」のと、「実際に履いてみた」というのは、受け取れる情報量が全く違います。百聞は一見にしかず。**試着は体感を伴う大きな学び**となります。

最終的に「これが一番好き！」と思って買った靴が３０００円のスニーカーだったとしても、「いろいろ調べて試し履きして決めたスニーカー」と「最初から価格の上限を決めてその中で選んだスニーカー」では、その**「調べて得た知識」**と**「たくさん試着をしてみた経験」による満足感と納得感が大きく違ってきます。**

周りになかなかお店がない地域にお住まいの方でも、①の「インターネットで最高の靴を探す」という作業をするだけでも大きな効果があります（ご旅行などで店舗に行くチャンスがあるときに、試着をしてみましょう）。

「すでに服はたくさん持っているのに、自分のファッションに満足できていない！」という方は、まず靴から見直しましょう。

最高の靴が手に入ると、手持ちの服がイキイキと輝きを取り戻すことも！

それくらい効果の大きなワークです。

制服化の土台作り② バッグ選びのワーク

靴が決まったら、次はバッグ選びです。

バッグは大きさやデザインなど多種多様で、選ぶのが楽しいものです。そして、「私はこんな人です！」と自分の魅力を伝えることができる自己紹介アイテムです。真剣に選んでいきましょう。

必要なバッグが見える「バッグ3つ」のワーク

①手持ちのバッグをすべて一箇所に出します
②全身鏡の前で、ひとつひとつ持ってみましょう
③その中から「今、使いたい」と思えるバッグを3つ選びましょう

その3つのバッグで1ヶ月過ごしてみてください。

・選ばなかったバッグをまとめて箱などに入れて、部屋の隅に置いておきます。1ヶ月間、3つのバッグで生活してみて、「不便だな」「やっぱりあのバッグも使いたい」と感じたらひとつずつ戻していきましょう。

・持ってみて今の気分と違うもの、使い古してボロボロのものがあったら手放しましょう。

・食料品の買い物用エコバッグ、特別な用途のバッグ（冠婚葬祭用のバッグ、旅行用の大きなバッグ）などは3つにカウントしなくてOKです。

・季節ごとに持ちたいバッグが異なる場合（冬はファー素材や革素材、夏はクリア素材など）は、季節の変わり目に合わせて年に数回同じようにワークをしてみましょう。

「バッグ3つ」のワークをしてみると、**今、自分に必要なバッグが見えてきます**。以前は好きだったけど持たなくなったもの、機能的になかなか使わないもの、気分が上がらないものは、これを機に思い切って処分すると、部屋と気持ちがスッキリします。その状態をキープしていきましょう。

「最高のバッグ」を見つけるワーク

手持ちのバッグが整理できたら、次は「最高のバッグ」を見つけていきましょう!

①インターネットで最高のバッグを探す

さまざまなブランドやメーカーのバッグを高価な順にインターネットで探して「素敵!」と思ったものを、どんどんメモにまとめていきましょう(まずは手持ちの服と合わせることを考えず、心がときめくものを選んでください)。

②調べたバッグを試着する

メモにまとめたバッグを「価格が高い順」に試着していきます。全身鏡でしっかりとバランスをチェックしてください(店員さんに写真を撮ってもいいか聞いて、可能だったら全身写真を撮っておきましょう)。

③「最高のバッグ」を決める

試着写真を見返して、「『最高の靴』を見つけるワーク」で**選んだ靴と相性がいいものを選びましょう。**デザインと価格を考慮して選んだ一点があなたの「最高のバッグ」です。

バッグ探しの際は、まずは重さや大きさなど「機能性」を重視せず、デザインや持ってみたときの感動、靴と合うことなどを優先してください。

例えばあなたが一番よく持つバッグが「軽い大きなバックパック」だとしても、探していくうちに「トートバッグでも大丈夫かも」「バッグを二つ持ちしてもいいな」「お財布を小さくしようかな」と工夫できるアイデアが浮かぶことがあります。

靴ほどサイズ選びがシビアじゃない分、ぜひ「パッと見て惹かれたデザイン」から手に取ってみてほしいです。

自己紹介になる最高のバッグを見つけるには

バッグも靴と同様、少し勇気を出して、シャネルやフェンディ、ディオールなど高価なブランド店にも試着にいきましょう。やはり「見ているだけ」と「実際に持ってみた」というのは、心の動き方が違います。

試着をしてみて「ドキドキするほど素敵だった！」という方もいれば、「そんなに心が躍らなかった」という方もいらっしゃいます。**目的は「買うこと」ではなく「選択肢を広げること」**です。一度チャレンジしてみましょう。最初は緊張してしまうかもしれませんが、何軒か店舗を回ると慣れていきます。実践あるのみです。

購入するときは、靴と合うかどうか、色合いが気に入ったか、デザインが心惹かれるか、素材の触り心地が好きかどうか、そして重さや機能などを考慮して**「このバッグを自己紹介として持ちたい！」**と思えるものを選んでください。

「好きな服を着ているのに、なんだか全身コーディネートが決まらない……」とお悩みの方は、**バッグが大きなブレイクスルーポイントになる**かもしれません。

お気に入りのバッグが見つかると、お出かけがとても楽しくなります。ぜひ試してみてくださいね。

制服化の土台作り③　アクセサリー選びのワーク

みなさんの中にはその日のお洋服を決めてから、「服に合わせてアクセサリーを選ぶ」というのが習慣になっている方もいらっしゃるかもしれません。一度、この順番を逆転させて、アクセサリーを選んでから服のコーディネートを考えてみてください。アクセサリーは、土台を作る最後の決め手です。ここでいうアクセサリーとは、ネックレス・指輪・ピアス・イヤリング・イヤーカフ・ブレスレット・腕時計・ヘアアクセサリー・ベルト・メガネ・スカーフなどです。

そして、**アクセサリーはアイデンティティ**（自分自身を表現できるもの）でもあります。せっかく身につけるのであれば**「どんな人になりたいか」を表せるもの**を見つけましょう。

例えば、

- 幻の花が咲いたかのような、**ふわっと可憐な刺繍のピアス**
- 思わず息を呑んで見惚れてしまうような、**美しい天然石の指輪**

・心が引き込まれてしまう現代アートのような、**独創的な柄のスカーフ**

「見ているだけで心が弾む」「そんな気持ちを纏いたい」と思えるようなアイテムを見つけたら、ぜひ手に取ってみてください。

アクセサリーは、ファッションアイテムの中でも、比較的自由に選べるのが嬉しいところ。靴や服だと、「それぞれの身体に合うデザインやサイズ」があって、パッと見て「いいな」と思ってもなかなか身につけられないことがあります。しかしアクセサリーは、ほとんどの場合サイズを細かく気にしなくても調整が可能です。

例えば指輪のサイズは小さくても大きくてもオーダーで作ることができますし、ネックレスは別売りのチェーンを買えば長さを調整することができます。

金属アレルギーが出にくい素材を探すことも可能です。ぜひ、思いっきり楽しみながら選んでほしいです。

必要なアクセサリーが見える「アクセサリー3セット」のワーク

①手持ちのアクセサリーをすべて一箇所に出します

②全身鏡の前で、ひとつずつ身につけてみましょう

③身につけると心がときめいて「これからも使いたい」と思えるアクセサリーを3セット選びましょう（例えばネックレスと指輪とピアスで一セットという感じにしましょう）

その3セットのアクセサリーで1ヶ月過ごしてみてください。

・それ以上アクセサリーを持っていたら、袋や箱に入れて部屋の隅に置いておきます。1ヶ月間、3セットのアクセサリーで生活してみて、物足りないなと感じたらひとつずつ戻していきましょう。

・身につけてみて今の気分と違うものは手放していきましょう。

・指輪を重ねづけしたい、ネックレスを重ねづけしたいという方は、一セットにカウントしてください。
・特別な用途のアクセサリー（冠婚葬祭用のパールアクセサリー）などは3セットにカウントしなくてOKです。
・季節ごとに身につけたいアクセサリーが異なる場合（春は桜のモチーフ、冬はクリスマスモチーフなど）は、季節の変わり目に合わせて年に数回ワークをしてみましょう。
・ご親族から受け継がれたジュエリーや、旅の思い出に購入した大事なスカーフなど、大切にしたいものはとっておきましょう（使わないから手放した方がいいというわけではありません）。

このワークをしてみると、**今の自分にぴったりなアクセサリーが見えてきます。**以前は好きだったけど身につけなくなったもの、気分が上がらないものは、これを機に思い切って処分すると、ジュエリーボックスがスッキリします。その状態をキープしていきましょう。

「最高のアクセサリー」を見つけるワーク

手持ちのアクセサリーが整理できたら、次は「最高のアクセサリー」を見つけていきましょう！

①インターネットで最高のアクセサリーを探す

さまざまなブランドやメーカーのアクセサリーを高価な順にインターネットで探して「素敵！」と思ったものを、どんどんメモにまとめていきましょう（まずは日常使いのことを考えず、心ときめくものをたくさん見ましょう。ある程度、数を見ていくことが大事です）。

②調べたアクセサリーを試着する

メモにまとめたアクセサリーを「価格が高い順」に試着していきます。全身鏡でしっかりとバランスをチェックしましょう（店員さんに写真を撮ってもいいか聞いて、可能だったら全身写真を撮っておきましょう）。

③「最高のアクセサリー」を決める

試着写真を見返して、「『最高の靴』を見つけるワーク」と「『最高のバッグ』を見つけるワーク」で選んだ靴とバッグと合うものを探しましょう。デザインと、身につけたときの気分、価格を考慮して選んだものがあなたの「最高のアクセサリー」です。

試しにカルティエやブルガリ、ティファニーなど高価なジュエリーから試着しましょう。ショーケースを「見るだけ」ではなく、「実際に身につけてみる」ことが大切です。初めはピンとこないかもしれませんが、数をこなすと「なりたい自分像」「好きなもの」「似合うもの」が分かってきます。

アクセサリーの場合は、まずは心がときめくことが最優先。たくさん試着をして、デザインや顔まわりに合わせてみたときのバランス（肌に実際に載せてみたときの輝き）を確かめましょう。

購入するときは靴とバッグと雰囲気が合うかどうか、デザインが心惹かれるか、モチーフは自分の好きなものか、顔映りはどうか、そして価格を考慮して「このアクセサリーなら毎日つけたい！」（仕事のときは外さなければいけないかもしれませんが）と思うものを選びましょう。

最終的に「これだ！」と決めたものは、素材や値段にかかわらず身につけるとワクワクできるものです。「これだ！」「これが最高！」と思えるものを根気よく探しましょう。

このワークは、自分の「最高」を見つけるためのワークです。「毎日違った雰囲気のアクセサリーをコーディネートするのが楽しみ！」という方は、数を減らそうとせず、着こなしを楽しんでくださいね。

3つを選ぶワークで、「必要なもの」と「必要な数」を知る

ファッションの土台を作るために、『靴3足』のワーク」『バッグ3つ』のワーク」『アクセサリー3セット』のワーク」をそれぞれ1ヶ月間チャレンジしてみましょう（同時にしてもいいでしょう）。

このワークを実践した方はきっと

・少ない数でも、お気に入りであれば心地よく過ごせること
・持ち物が少ないと、服選びが格段にしやすくなること

が実感できたと思います。

もちろん、靴は5足必要だった、バッグはもっとバリエーションが欲しかった、アクセサリーはもっと少なくてよかった、という方もいらっしゃるかと思います。人によって「最適な数」は異なるので、**それぞれ心地よい数量に調整**していきましょう。

「必要なもの」と「必要な数」を知っておくことは、毎日悩まず快適な服選びをするためにとても大事なことです。3つを選ぶワークで自分に必要な「ファッションの土台」が出来上がります。

「自分の最高」が見つかれば少しの服で満足できる

持ち物が過不足なく整理されたら、今度は「**最高の自分像」を表すものを探しにいきましょう。**

もちろん、高価なものが気に入ってしまったら買うまでに数年かかったり、好きなものが見つかったけれどサイズや機能が合わなかったり……と、誰もがすぐさま「最高のアイテム」を手に入れられるわけではありません。

しかしワークを実践すると、ファッションの知識が格段に増え、**「この先の人生で手に入れたいもの」**が見えてくるはずです。

それが見つかると、

- **たくさんの服を買わなくても満足できるようになった**
- **土台（靴、バッグ、アクセサリー）に合わない服を手放すことができた**
- **「自分らしいファッション」がやっと分かるようになった**
- **「この雰囲気を目指せばいいんだ！」とゴールが決まって思考がスッキリした**
- **今までの人生で一番ファッションに自信が持てるようになった**

とおっしゃる方が多いです。身につけるだけで気分が上がるような究極のアイテムを探していきましょう。

「なりたい」をどんどん進化させていこう

制服化をしていると「自分のスタイルを変えないストイックな人」のように思われることもあるのですが、そこまで頑なにひとつのスタイルに絞らなくてもいいんです。**大前提として、人の考えは時間と共に変わっていく**ものです。

着たい服が変わるのは、決して悪いことではありません。ファッションの方向性を決めるときに「飽きたらダメだ」とか「ブレてはいけない」と考えてしまうと、苦しい気持ちになってしまうことも。

「なりたい自分像」は進化していくもの。**自分の気持ちが変わるタイミングを成長だと思って歓迎していきましょう。**

制服化によって、変化のチャンスにも対応できる

また、「環境や体型が変わるかもしれないから良い服を買うのはもったいない」と言っ

て、いつまでも間に合わせの服を着てしまう方がいます。

「決断が怖いから避けてしまう」「前に進むのが怖いから停滞している」という方は、次のお買い物のタイミングで、少し勇気を出してみましょう。

新しい服を買うこと、身につけることで、違った世界が見えてきて、どんどん良い方向へ未来を切り開ける可能性があるからです。

仕事の状況が変わったり、体型が変わったりして、服を買い直すことは決して無駄なことではありません。

それよりも、**行きたい場所に行くための服がなくてチャンスを逃してしまうこと、せっかく行っても堂々とできないことの方がもったいない**です。制服化をして手持ちの服が少なければ、変化のときにさっと対応しやすいのもメリットです。

一度自分の制服を決めても、できたら半年に一度、年に一度は「なりたい自分像」を棚卸してみましょう。

誰かに決めてもらったわけではなく、自分で作っていくファッションストーリーです。

「変わってもいい」「もっと前に進んでいい」という伸びしろを持って、進化を怖がらずにいきましょう。

2

服は、自分を守る味方

ファッションと心は密接に結びついている

第1章のワークを実践して、今まで以上に真剣に向き合って選んだアイテムは、自分の心をしっかりと守ってくれます。

大好きな指輪をつけると「今日も頑張ろう」と前向きになれたり、思い出が詰まった腕時計をつけると「時間を確認するたびにニコニコしてしまう」なんて経験はありませんか？

ファッションと心は密接に結びついているもの。「身につけると力が湧いてきて元気になれる」そんな風に味方になってくれるものを探していきましょう。

どうしてもおしゃれできないとき

一方で、仕事や家族行事、人付き合いの場面などでどうしても「決められた服装マナーを守らなければいけないタイミング」もあるかと思います。

そんなときはどこか**一箇所だけでいいので、「自分らしいな」と感じられるものを取り入れて**みてください。

ハンカチ、ペン、スマートフォンケースや下着など、「服」でなくてもいいのです。人から見えるものではなく「自分だけが分かるもの」をひっそり取り入れていきましょう。

ファッションはいつでも自分の味方です。大好きなものをそっと身につければ、きっと心に明かりが灯ったようなあたたかな気分になれます。

以前、お仕事の事情で「おしゃれができなくて、毎日が苦しい」という方から相談を受けたことがありました。

- 仕事で決められたユニフォームが全く体型に合わない
- アクセサリーは危険性があるので身につけられない
- メイクもすぐに落ちてしまうからできない
- ヘアスタイルはひとつ結びにしなければいけない
- 自転車通勤なので、通勤着は機能的なパンツスタイルのみ

・仮に通勤着でおしゃれしたとしても職場で浮いてしまうし、注意されてしまうかも

やりがいのある仕事に就いているけれど、おしゃれができなくってちょっとつらい、と感じている方、実はたくさんいらっしゃいます。

お話を伺って、そんなときはまず「セルフケア」をしてみましょう、とご提案しました。

・お風呂上がりのスキンケアをきちんとする
・手元や爪をハンドクリームやオイルでケアする
・いつもより少しいいヘアトリートメントを使ってみる
・朝はストレートアイロンで髪を整えてから結ぶ

など、**付け加える「おしゃれ」というよりは「日々の手入れ」をする**こと。

最初は「忙しいからそんな時間もないし、私がいくら頑張ってもきれいになれないし、誰かに見せるわけでもないから……」とおっしゃっていましたが、思い切って実践すると、こんな変化があったそうです。

・スキンケアを続けたら、肌がすべすべになって頬のシミが薄くなってきた
・ハンドクリームをこまめに塗るようになったら、手がなめらかに、爪がツヤツヤになった
・ヘアケアをしたら、髪がうねらなくなって指通りが良くなった

そんな風に「肌、爪、髪の触り心地が変わってきた！」と、驚いていらっしゃいました。そしてさらに続けてみると、心にもこんな効果があったそうです。

・身だしなみを整えたら、鏡を見たり人と話したりすることが嫌じゃなくなった
・肌や爪がきれいになったら、メイクやネイルカラーができなくても、ちょっとウキウキしていい気分になれた
・いつものユニフォームでも、ノーメイクでも、毎日仕事に向かうのが楽しくなった
・続けることで自分を大事にできているなと実感できて、自信が持てた

「おしゃれ」というと、どうしても「付け加える」ことに目が行きがちですが、**身だしなみを整えると、心が健康になって自分を守ってくれる大きな効果がある**のです。

大好きなファッションは、悩めるあなたのお守りに

小さい頃や思春期に「見た目のこと」でつらい思いをすると、服が嫌いになってしまうことがあります。

親御さんや周りの方からの否定的な言葉を受け取りすぎて何を見ても心がときめかなくなってしまったケースや、自分の容姿が好きになれなくて連鎖的にファッションまで嫌いになってしまうことも。

ファッションが大好き！　という方の中にも、以前はファッションを憎んでいた、自分の容姿が一ミリも好きでなかった、という方もたくさんいます。解決方法としては（最初はつらいこともありますが）、時間をかけて自分の気持ちを知ること、しっかりと向き合うことです。

自分の見た目やファッションセンスを否定されてしまった経験がある方は、「本当はそ

のとき、なんて言い返したかったのか」を一度考えてみましょう。

「失礼だよ」「私はこれが好きだから」「私はこの服が気に入っているから」なんでもいいので、自分の気持ちを書いていきます。

そして、今の自分が「いい感じだな」「好きだな」と感じるものを大切に受け入れていきましょう。**顔や体型へのコンプレックスは、服を好きになることで少しずつ改善できることがあります。**


実は私も自分の容姿が好きではありませんでした。身体が大きくて、サイズが合う靴や服が極端に少なかったからです（当時は、ぴったりサイズの服が流行《はや》っていたので、選択肢が今よりも少なかったのです）。

思春期になって、同世代の女の子が出ているテレビや雑誌を見て「なんでこんなに姿が違うんだろう」と思いましたし、学生時代に自分の容姿を「かわいいな」なんて思えたことは一度もありませんでした。

しかし、自分が選んだ服だけはいつも私の味方でした。ネイルカラーの鮮やかな色合いや、大切に使っているバッグが目に入るだけで「ここだけは、ちょっといいかも」「**この**

服を選んでいる自分は好きかも」と心を落ち着かせることができました。
もし、気分がドンと落ち込んでしまった日に気に入っていない服をなんとなく着ていたとしたら、鏡に映った自分を見て、「ひとつもいいところがない」と、余計に落ち込んでしまっていたかもしれません。

ファッションを仕事にしている人やセンスがいいね、と今言われている人たちも、**みんなはじめから自分のコンプレックスと上手く付き合えていたわけではありません**（むしろファッション業界には何らかの悩みがある人、あった人の方が多いと思います）。
心から離れないコンプレックスがあったとしても、今から自分を好きになれるようなものをひとつひとつ摑んでいきましょう。きっとあなたの大切なお守りになってくれます。

落ち込んだときの「安定剤」になる制服を作っておこう

体調が悪い日は、特別肌触りのいい肌着で、特別履き心地のいい靴下を履いて、周りの風景に馴染んでくれるような（でも自分の中ではすごく好きな）服を着ましょう。

心が落ち込んでしまった日は、ゆっくり休んで温かいご飯を食べて、お気に入りのナイトウエアを着て、できるだけ早く眠りにつきましょう。

鏡に映る自分に自信が持てない日は、大好きな靴を履いて、大好きなバッグを持って、好きな色のネイルをして「ここはいい感じだな」と思いながら家を出ましょう。

「今はとても、そんなことができる状態にない……」という方は、この本を読んで、できるところから一歩ずつ、環境を整えていきましょう。急ぐ必要はありません。ハンカチ一枚を選ぶところから、一歩一歩行動を起こしましょう。

コンプレックスがあるからファッションを楽しめない、ではなく、コンプレックスがあるからこそ、大好きなものに包み込んでもらう感覚を養いましょう。

どんなときもファッションはあなたの味方です。**「この服なら大丈夫」**という安定剤になってくれる制服を作っておくと、ピンチのときに助けになってくれます。

自信があるクローゼットってなんだろう？

「理想のクローゼット」と「自信があるクローゼット」を想像したときに、私の中ではこのふたつの仕上がりがちょっと違うかもしれないと思いました。

「理想のクローゼット」というと、「海外セレブのようにキラキラのバッグや靴がずらっと並んだクローゼット」や「センスのいいセレクトショップのようにおしゃれなものがスッキリ並んだクローゼット」など、眺めたときに「素敵！」と感じるような、服が美しく揃っているクローゼットを想像します。

一方、「自信があるクローゼット」を考えると、「自分で選んだものばかりで稼働率100パーセントのクローゼット」や、「今の自分に似合っていて快適な服しか入っていないクローゼット」など、あくまでも**服を着る自分が軸**となり、心地よく使えたり、実用性も追求した結果が表れる気がします。

理想のクローゼットを想像することも楽しいですし、自信があるクローゼットを実際にコツコツ作るのも面白いです。

たとえ台風が来ても、再現可能なクローゼット

今まで、たくさんの方のファッションのお悩みを聞いてきました。

年齢も職業も家族構成も全く違ったみなさんですが、口を揃えて**「自信があるクローゼットを作りたいです」「ファッションで自分に自信を持ちたいです」**とおっしゃいます。

「自信」という言葉が、きっと服選びの大きなゴールになるんだなと感じています。

私も今、「あなたは自分に自信がありますか?」と問われたら頭を抱えてしばし悩んでしまうかもしれません。

しかし自分のファッションやクローゼットに関しては自信満々です。クローゼットの中には好きな服しかなくて、着ていない服は一枚もなく、バッグも靴もすべてを愛していて、キラキラキラキラ輝いています。

・考え抜いて選んだ服しかないこと

・日々快適に着ることができて、自分でメンテナンスができること
・アイテムひとつひとつに「買った理由」や「そのときのエピソード」があって、自分の言葉で語れること

そんな経緯を含めて、「自信があります」と言うことができるのです。例えば、明日突然台風が来て、私の服が全部飛ばされてしまったとしても(非現実的な話ではありますが)、また一からこの状態が作れるだろうと思っています。

私のクローゼットの中には、人からもらった服は一着もありません。福袋に入っていた服や、セールで突発的に買った服、試着をせずにオンラインで買ってしまった服なども一着もありません。「偶然」や「運命」を信じていないわけではありませんが、「自ら何度もトライして選んだ」という必然は何物にも代えられない宝になっています。

誰かに服を選んでもらうのを待つのではなく、汗水垂らしてコツコツ選んで作った、地道で積極的なクローゼット。その思考の過程を含め「再現可能である」ということを、「自信」と呼んでいるのかもしれません。

もちろん、人からもらったものや、人に選んでもらったものがいけないというわけではありません。あくまでもファッションを仕事としている私の場合です。

「自分らしさってなんですか？」と聞かれたときに、クローゼットを開けばひとつひとつの靴やバッグや服が表してくれています。私のクローゼットはポップでカラフルでモードで情熱的です。

自分がどんな人間なのかは、服が勝手に語り出してくれます。

外出するときもファッションに自信があると、余裕ができます。どこへ行くにも、誰と会うにも、自分らしく余裕を持って過ごせる服、それが「自信がある制服」、そして「自信があるクローゼット」です。

みなさんのクローゼットには「語れる服、自ら語り出してくれる服」がどれくらいあるでしょうか？　一度、自分にとっての「自信があるクローゼットとは？」を考えてみましょう。

服選びを通して自分を大切にする

日常生活ってなかなか自由に選べないことも多いもの。どこに住んで、何時に起きて、どんなことをして、何を食べて、何時にお風呂に入って、何時に寝て……きっと生活を自由自在にコントロールできている方は、ごくわずかです。

ましてや仕事や家族やパートナーの都合を考えると、自分自身で「選択できること」って、ごくごく小さな部分です。

そんなとき、いつも私は、**「自分が着る服くらい、自分で自由に決めてもいいじゃない！」**と心の中で唱えながら、買い物をしています。**ファッションは「心の叫び」**です。日常でなかなか叫べないことをファッションに言ってもらおう！と、気持ちを託しています。

「自分の考え」をしっかり持って服を選ぶと、周りから「派手すぎる」とか「地味すぎる」とか言われようが、「似合わない」と言われようが、「そうなんだね、でも私はこの服が好きなんだよね」とニコニコ笑って過ごせます（また、そうやって真剣に選んだ服は、不思議となにも言われないものです)。

しかし「人から好印象を持たれたい！」と思って服を選ぶと褒められなかったときに「せっかく合わせにいったのに……」とモヤモヤしてしまうことも。自分の中の「受け入れられたいモンスター」が火を吹いて暴れ出してしまいます。

いつもは言葉を考えて飲み込んでしまう人、周りの空気に合わせて気を遣ってしまう人ほど、ファッションに関しては「自分の考え」で選んでみてください。

この色がいい、このデザインがいい、このブランドがいい、この組み合わせがいい。**自分のファッションを選ぶことは、自分の意見を大切にすることに繋がります。**突飛なデザインのものを身につける必要はありません。ただ「**これだ」と納得して選ぶ、それだけ**です。

もちろん、さまざまな事情を抱え、ファッションを楽しめない状況の方もたくさんいらっしゃることでしょう。身体のこと、アレルギーのこと、ご家庭のこと、予算のことなどで、選択肢はどうしても狭まってしまいます。しかしそんな中で「決めることができる」ものに関しては、**エコバッグの色ひとつでも、靴下のデザインひとつでも、最大限にのびのび選んでほしい**です。

自分の考えを持つことは、人を傷付けることや嫌がられることではない

会う人に合わせて、着る服をはっきり分けている、そんな方も多くいらっしゃいます。

例えば、

・パートナーの前では、華やかで明るい色の服
・親の前では、落ち着いたトーンのおとなしい服
・学生時代からの友人と会うときは、カジュアルな服
・都会に住んでいる友人と会うときは、トレンドのかっこいい服

といった具合に。

人に合わせて服を替えることは、悪いことではありません。自分の心を守るためにある程度分けた方が気分が楽、ということもありますので、無理をして服を減らす必要はありません。

しかし**服を必要以上に（自分が心地よいと感じる以上に）たくさん持つことは、実は考え方を他人に合わせすぎてしまう行為**です。

自分の心の中の「何か」を埋めたい、人に認められたい、迷惑をかけたくない、という気持ちから服を買いすぎてしまうという方も。

そして服が増えることで余計に自分の思考が分散されて、考えが散らかってしまう。服が多すぎて部屋が片付かず、自分を責めてしまう。そんなつらいループに陥ってしまいます。

もし、「服が多すぎて疲れてしまった」と感じたら、自分の着たい服を着ることは、決して人を傷付けたり、嫌がられたりすることではないと思い出してください。

考え方の基準となる制服

制服化を始めた頃、**「この服にネガティブなことを言う人とは、今後会わないようにしよう」と心に決めました。** 自分の服装を嫌がる人＝考え方が合わない人と長い時間過ごすのは、限りある人生において優先したいことではないと思ったからです。ドライに聞こえるかもしれませんが、私なりの決意でした（幸い、今まで交友関係を持ったすべての人にお会いできていません）。

そして、実際に制服化をし始めると、不思議なことが起こりました。**今まで以上に気が合う友人たちが向こうから集まってきてくれた**のです。

自分の考えで服を選ぶということは、人を遠ざけることではなく、私は「こんな服＝こんな意見」で生きていますよ、と分かりやすく伝えられる手段のひとつであり、自分の考えを大事にできている証拠でもあります。

自分のことを大切にできたら、周りの人の考えも、より一層大切にできるようになるものです。

服を選べるようになったら、他者との関係性もより良いものになりました。

ブランドバッグは〝演歌〟である

みなさんは「ブランドバッグ」と聞くとどんな印象がありますか?

私が自身のnote（メディアプラットフォーム）で「ブランドバッグは〝演歌〟である」というタイトルの記事を書いたとき、読者のみなさんから今までで一番大きな反響がありました。

「私がブランドバッグを買った理由、友達に上手く説明できなかったから、言語化してくれて嬉しかった！」というお声や、「街中でブランド品を持っている人を見かけると、なんであんなに高価なものを買う人がいるんだろう？　とちょっとモヤモヤしていたけれど、この記事を読んでみたらそういうことか！　と視野が広がった」というご感想をいただいたのです。

長年ファッション関係の仕事をしている私の実体験を、お伝えしたいと思います。

私は百貨店に勤めていたとき、お客さまの特別なお買い物に何百回も立ち会ってきました。そして**「いいバッグを買うとき」って他人からは想像もつかないようなドラマティックなストーリーが必ずある**ものだな。と毎回感じていました。購入されるときに感極まって涙を流している方もたくさんいらっしゃったのです。

高価なものとなると、「かわいいから」「きれいだから」という理由だけではなかなか買えないもの。みんなが「人に見せるため」「見栄を張るため」に持っているわけではありません。それぞれに個人的な深い事情があって、哀愁や憂いを秘めたケースがとても多いのです。

こぶしを握って買う「演歌バッグ」

仕事やプライベートで身を尽くしたとき、自分を労うためにこぶしを握って歌を歌いたくなることがあります。そう、「高価なバッグを買う方」はだいたい心の中で〝演歌〟を歌っているのです。

相手の浮気で離婚が決まりました、それでは買います
「**シャネル、マトラッセ**」

最愛の人が亡くなりました、それでは買います
「**エルメス、バーキン**」

介護で疲れ果てました、それでは買います

「ロエベ、パズルバッグ」

自分の芸術表現に限界を感じました、それでは買います

「グッチ、ダイアナ」

ここで注意してほしいのは、みなさん「絶望、失望、悲しみを埋める代償行為」で購入しているわけではありません。こんな困難があった、受け止められない。そんなとき、「これからの人生を楽しく生き抜くためにいいバッグを買おう！」という**ネガティブの先にあるとてもポジティブな気持ちが作用**しているのです。

自分で覚悟を決めて好きなバッグを買った方々は、「**あのときはしんどかったけど、いい相棒（バッグ）を手に入れたことでこれからも頑張ろうと思えた**」とおっしゃいます。

個人的な話になりますが、私は31歳のときに左目のほとんどの視力を失いました（今現在は薄く見えている程度です）。

そのとき、「**ああ、この不安と苦しみを乗り越えるためにグッチのバッグを買うしかない！**」と思ったのです。我ながら突飛な発想でしたが、こういった行動に走る方が、実は

たくさんいらっしゃいます。

それまでは私もブランドのバッグを買うのは「生活に余裕があるお金持ちのすることだ」と思い込んでいました。しかし、自分の身に起こった不運に心が対応しきれず、何かで自分を奮い立たせたい！　という気持ちになったのです。そんな理由で、**「それでは買います、グッチバッグ」**そう言って、マイクを握りました。

思い切って大好きなバッグを買ったら、すべてが上手くいき始めました。会社を辞めて独立し、仕事は楽しいし、性格も前向きになって友達も増えていきました。いい曲（いいバッグ）を引っ提げて全国ツアーをしている気分です。まるで人生を次に進めるためのピカピカのチケットを手に入れたような出来事でした。

ブランドバッグは〝鎮魂歌（レクイエム）〟でもある

もしくは**「頑張った自分への〝鎮魂歌（レクイエム）〟パターン」**もあります。

仕事を死に物狂いでやり遂げました、それでは買います

「フェンディ、ピーカブー」

つらかった学校を這いつくばって卒業しました、それでは買います

「サンローラン、カバス」

退職日まで勤め上げました、それでは買います

「ディオール、レディディオール」

裁判で勝訴しました、それでは買います

「メゾン マルジェラ、ファイブエーシー」

生きることに真剣に向き合っていると、自分の荒ぶる心を鎮魂しなければいけないときがあります。自分へのご褒美というものを超えて、「買うことでしか収まらない」という気持ち。

もちろん「いいもの」を買うときに、悲しいエピソードやつらい思いが必ず必要なわけ

ではありません。また、「どんなに悲しいことがあっても、お財布事情で購入が難しい……」という方も気にすることはありません。

ただ**「自分が歌うならこの曲だな（買うならこのバッグだな）」**というのを**〝真剣に決めておく〟**だけで、かなり日々の生活にハリが出ます。

街でブランドバッグを持っている人を見たら「いい演歌を歌っているんだな」と思ってください。きっと人の数だけ個性的なストーリーがあるのを感じていただけると思います。

なぜ「ブランドバッグ」を選ぶのか

「ブランドバッグは〝演歌〟である」と言ってはいますが、「私には必要ないわ」という方もたくさんいらっしゃいます。心から気に入ったバッグがブランドものでないこともありますし、バッグは高価なものより、日常で使いやすいものが最高！　という方も。**誰もが買わなければいけないものではありません。**

ちなみになぜ私がブランドバッグを愛しているのかというと、小さな頃からの憧れがあったからです。幼い頃テレビで見た、目が眩《くら》むようなファッションショー、雑誌で見ていた煌《きら》びやかな世界。

大好きなアーティストが身につけていた衣装、ミュージシャンが私服紹介で持っていたバッグの厳かな美しさ……。ブランドの持つ力は、私にパッと広い世界を見せてくれました。

ファッション関係の仕事に就いてからは、ラグジュアリーブランドの店舗に立つ年上の店員さんの立ち居振る舞いにも憧れを抱くようになりました。あんな風に凛とした立ち姿で対応ができるようになりたい。丁寧な仕草をお手本にさせてもらったり、サービススキルを学ばせてもらったり、仕事での成長に繋がりました。

みなさんにも小さな頃、ドキドキワクワクの刺激や、生きる希望を与えてくれた漫画や小説、音楽や映画などがあったかと思います。私の場合はそのひとつが「ファッション」でした。

私にとってブランドバッグを買うことは、子供の頃好きだった漫画やアニメの「原画」を大人になって買うようなもの。長年、気持ちを支えてきてくれたコンテンツへの恩返しの気持ちなのです。

ブランドバッグを持つと"とっておき"が集まってくる

ブランドバッグは高価なものなのに、いつの時代も絶えず購入者がいることには理由があります。例えば私の知り合いの70代のミセスは大のブランド好き。いつもシャネルのロゴが入ったニットやバーバリーチェックのアイテム、エルメスのバーキンなど、「ブランド名が分かりやすいアイテム」を身につけています。

シャネルのニットを着ると、どんな店でも店主が店の奥から「最高のもの」を出してくれるそうです。「一番美味しいお肉」「一番香りのいいコーヒー」「一番きれいなダイヤのリング」「一番肌触りのいいカシミヤストール」。

パッと服装を見て「きっと、こんなものも興味があるでしょう」と、その店とっておきの「最高級品」を出してくれるのです。

「私の残された時間には限りがある。価格は高くてもいいから最高のものをたくさん目にして、選び抜いたものを身につけたいの」と彼女は言っていました。そのために「ブランド品」が目印になるとのこと。

ちなみに彼女の人柄は、威張っているわけでもなければツンツンしているわけでもなく、むしろ「とても柔らかい雰囲気の方」です。**態度が柔和な分、自分の「住みたい世界」をファッションで表現している**のですね。

いいものを身に纏うことは目的ではなく手段であるということ。「高くてもいいから一番いいものを見せてくださいな」という無言のメッセージになるのだなと思いました。

「ファッションブランド」や「デザイナー」のことをもっと知ってみよう

「ファッションブランド」と一言で言っても、世界的なラグジュアリーブランドから国内のアパレルメーカーまで幅広く存在しています。

「どんな服を着ようかな?」「ファッションでこんな気分になりたいな」と考えたとき、ある程度どんな「ブランド」や「アパレルメーカー」があるのか知っておくと、服選びの選択肢が広がります。

ブランドの公式ウェブサイトを見てみよう

ブランドには公式ウェブサイトがあります（稀《まれ》にSNSアカウントのみのブランドさんもあります）。

例えばシャネルの公式サイトには「ABOUT CHANEL」というページにブランドの歴史を写真や動画で紹介するコーナーがありますし、ユニクロの公式サイトには「企業情報」のところの「About LifeWear」に「LifeWear magazine」というページがあり、世界中で愛されているユニクロのエピソードや服の哲学をたっぷり読むことができます。

各ブランドのサイトをじっくり読んでみるとコンセプトや理念が書かれていたり、モデルさんが商品を着ているイメージ写真があったり、店舗スタッフの着用写真があったりと、眺めているだけでも勉強になります。

まずは「買う視点」ではなく「かわいいな」「読んでいて面白いな」と軽やかな気持ちで覗いてみましょう。

そして、たいていの場合は公式サイトから繋がっているオンラインストアがあります。

オンラインストアにはアイテムの値段や素材、洗濯方法、購入した方の口コミなどが詳しく書かれている場合も。「いつか購入してみようかな?」と思ったら、興味があるブランドのオンラインストアを端から端までチェックしてみましょう。

デザイナーのインタビュー記事を読んでみよう

ファッションを「もう少し深く知りたい!」と思ったら、そのブランドの今の「デザイナー」や「クリエイティブディレクター」のインタビュー記事を読んでみるのもおすすめです(ラグジュアリーブランドやクリエイターズブランドの場合は、検索すれば見つかります)。

名前だけ聞いたことがあるブランド、例えば「ジル サンダーのデザイナーはこんな気持ちで服を作っているんだ」とか、「現在のディオールのクリエイティブディレクターはこんな理念を持っているんだ」と知ることができれば、**「今の自分の気持ちに合うか合わないか」を判断することができます。**

それは**服のデザインを見るだけでは読み解けなかった「作り手の思い」を知ることができる**からです。

コレクションは「お洋服の大発表会」

「ファッションの最高峰を知りたい」と思ったら「コレクション」（ファッションウィークやパリコレなどと呼ばれているものです）を覗いてみましょう。各ブランドの公式サイトやYouTube、InstagramやX（旧Twitter）などで手軽に視聴できます。

コレクションは、各ブランドの「次の新作はこんな感じでいきます！」という意思表明、いわば「お洋服の大発表会」です。

正直な話、ラグジュアリーブランドのコレクションを見なくても日常のお洋服選びに困ることはまずありません。あくまでも日常から離れたファンタジーを見ているような気持ちで臨みましょう。

ショーの中では、「奇抜だな」「日常では着られないな」というファッションがたくさん出てきます。これはブランドやデザイナーが新しいデザインを分かりやすく伝えるために、思いきり大胆に表現しているためです。

会場の選定から飾り付け、音楽までひとつひとつ計算された芸術表現です。

テーマもかなり複雑なので、歴史や真意などすべてを理解しようとしなくて大丈夫です。「そんなに高価なものなんて買えないし、私が見る意味あるのかなぁ」なんて現実的に考えなくていいんです（ショーに出てくる服は世界のスターや富裕層の方がオーダーするもので、買える人はかなり限られています）。

私も到底手が届きませんが、ピカソやモネやダリの絵画を見るときのように、「とても興味深いな、素敵だな」という心持ちで眺めています。

コレクションは特別な人だけが見るものではなく、**実は誰にでも開かれた世界**です。この本を読んで興味を持ってくださった方は、「一回だけでも見てみよう！」とチャレンジしてみてください。

ブランドやデザイナーを知ると、自分のファッションが広がる

ファッションブランドを知ることは、手に届かない世界を眺めることでもなければ、自分と全く関係のない話でもありません。

デザイナーや職人たちがどんな心持ちで作っているのかを感じることができれば、その

知識は「ファッションでこんな表現がしたい」という意思をサポートしてくれます。そして、自分の想像力だけでは辿り着けなかった新しい世界に連れて行ってくれる翼となります。「最近服選びがつまらないな」と感じていた方は、たくさんのブランドやデザイナーの考えを知ることで、ファッションの楽しさを再確認していきましょう。

靴・バッグ・アクセサリーのメンテナンスをしてみよう

制服化をして数年経った頃から**「持ち物のメンテナンス」**を考え始めました。靴、バッグ、アクセサリーと相棒アイテムが集まってきて**「この仲間たちともっと長く一緒にいたい！」**という気持ちが自然と高まっていったのです。

プロのお修理屋さんに相談する前は、「結構お金がかかるんだよね」とか「新しいものを買った方が気分も新鮮になっていいのかな」と考えていたのですが、実際に相棒アイテムがピカピカになって戻ってくると「直してよかった」「やっぱりこれしかない！」とさらに愛情が増し増しに。**自分が選んだものを大切に長く使えているな、という自信に繋がっていきました。**

靴やバッグやアクセサリーなど「そろそろ、いいものが欲しいけれど、メンテナンスできるか不安だな」と感じている方に、私の実体験を紹介します。

「我が家のような居心地」になった靴の修理

数年かけてしっくりと足に馴染むようになった愛用の革靴。しっかり足全体を包み込んでくれて、履き心地は最高、靴がまるで身体の一部になったような感覚です。

この靴を履くと、まるで「我が家」に帰ってきたかのような安心感があります。これが噂に聞く「靴が育つ」ということか。と、生まれてはじめて実感できました。

ただ、4年ほどしっかり履き込んだあたりから全体が「クッタリ」してきて、靴底も減り、縫い目も少しほつれてきました。いつもだったら「そろそろ新しい靴に買い替える時期かな……」なんて思いがよぎるタイミングです。

しかし、この靴は今まで履いていたものとは違います。何年も共に歩んできた相棒です。「私はまだこの靴と離れたくない」と思い、お修理屋さんに行き、ソールを張り替えてもらいました。

靴磨きや縫い目のお直しなど、細かなメンテナンスも合わせてかかった代金は2万円ほど。「**この金額で大切な相棒がピカピカになるのであれば、お安いくらいだな**」と納得できる価格でした。

修理を終えて帰ってきた靴はとても美しく、革の良い味わいも出てきました。何よりも履いたときの感触が「おかえり」と出迎えてくれるような安らぎに溢れていました。また数年後もこの靴をお直しに出して、長く愛用しようと考えています。

日々できる靴のメンテナンス

みなさんは、靴を自分で「磨いたこと」はありますか?

私は今まで靴の汚れを「拭く」ことはあっても「ブラシなどで磨いた」ことはありませんでした。エレガントな手つきでブラシをかけたり、靴クリームでキュッキュッと磨いたりするのは「**上級者のやることだ**」と思い込んでいたのです。

しかし、修理されて帰ってきた靴を見て「さらに長く付き合っていくために靴磨きを覚えたい！」と考えるようになりました。

どこに行ったらいいか分からなかったので、革靴を購入した場所である百貨店の靴売場に行って、「はじめて自分で靴を磨きたいと思っています。何も分からないので教えてください！」と正直に相談してみました。すると、優しい店員さんの瞳が「キラリ」と輝き、懇切丁寧に教えてくれました。

私が購入したのは、
①木製のシューツリー
②ホコリ取り用のブラシ
③靴を磨く用のブラシ
④靴の汚れを落とす「クリーナー」
⑤革に栄養を与える「靴クリーム」
です。

木製のシューツリー（シューキーパー）は一度購入すれば何十年も使えるということだったので、少し高価だけど見た目がかっこいいものを選びました。

自分で磨けるようになると、毎日靴がピカピカで、**まるで床からライトで照らされているような感覚**です。キラキラ光っているものが足元にあると、なんだか足取りが軽く、元気が出るんですよね。

また、**無心で靴を磨くという行為が、とても気持ちが良い**ものだと気づきました。疲れてしまった日も靴を磨き終えると心まで清らかになったような気がして、デトックス効果もあるのです。

靴を手入れするようになったら、自然と自分のことも「ものを大切にできていて、いい感じだな」と思えるようになりました。

ピカピカになって帰ってきた相棒バッグ

続いては、バッグを私の不注意で汚してしまったときのエピソードです。

数年前に思い切って購入した大切な黄色のバッグ。

雨の日に使って、よく乾かさずに黒いバッグの隣に置いてしまったところ、黒の染料がベッタリと「色移り」してしまったのです。見つけたときはあまりのショックで手が震え、思わず目を背けたくなりました。

しかし、見て見ぬふりをしても、状況は変わりません。汚れを落とすにはできるだけ早い方がいいだろう！　と思い直し、急いで購入した店舗に電話をし、その日のうちに持っていきました。

バッグを預けて本社で確認してもらったところ、「**汚れの度合いがひどい部分は、お修理不可です**」と言われてしまいました（小さな汚れやほつれは無償で直してくれました）。

諦めきれず、店員さんに「どこか修理してくれるところはないですか？」と質問すると、「腕がいい外部のお修理屋さん」を紹介してくれました。

一縷《いちる》の望みをかけてその店舗に行くと、「きれいに修理できますよ！」と頼もしいお返事が！　バッグを預けて1ヶ月後、**どこに汚れがあったのか全く分からないほどきれい**になって帰ってきてくれました。

修理代金は1万6000円ほどかかりましたが、新品のようにピカピカになって心から嬉しかったです。

自分の不注意とはいえ、大切なバッグが汚れてしまったら……と考えると、少し不安ですよね。もし、これからちょっといいバッグを買おうと思っている方がいたら、ぜひ頭に入れておいてほしいことがあります。

・汚れや傷が見つかったらすぐに購入したお店に連絡しましょう。汚れは早いほど落ちやすいですし、有償で（場合によっては無償で）メンテナンスしてくれる場合があります。

・できれば家から一番行きやすい店舗（正規店）で購入しておくと、いざというときに相談しやすいです。

・「ブランドバッグ」の修理が得意なお修理屋さんを知っておくと、何かあったときにすぐ対応できます。品物を購入した店舗で聞いてみてもいいですし、インターネットなどで身近なお修理屋さんの口コミを調べておくと安心です。

汚れ発見から修理完了まで、かかった期間はトータルで3ヶ月ほど。ヒヤヒヤしましたが、とても勉強になる経験でした。これから一層気をつけて愛用のバッグを大事にしていきます。

日々できる大切なバッグのメンテナンス

・大切なバッグを使ったら、必ず毎回荷物を出して柔らかい布で乾拭きしましょう。革のバッグであれば、革製品用のブラシでケアするのもいいでしょう。

・バッグの中に詰め物（紙を丸めたようなもの）をして、購入時にもらったバッグ用の袋に入れて立てて収納するといいでしょう（詰め物をしておくと、湿気を吸い取ってくれて、形崩れ防止にもなります）。

・他のバッグや色の濃いものの隣に置かないように気をつけましょう。私も今回の件で大反省して、気をつけています。

ジュエリー・アクセサリーのサイズ直し

続いてはジュエリーのサイズ直しをしたときのエピソードです。

ここ数年で指輪のサイズが変わってしまいました。

5年前に購入したピンキーリング（小指につける指輪）が、現在はぎゅうぎゅうにキツくなってしまったのです。指輪のサイズは年齢と共に変わっていくもの。自然の法則に抗えないお年頃です。

購入した店舗に「サイズ直しできますか？」と問い合わせの電話をしたところ、「確認するので、ぜひ一度持ってきて見せてください」とのこと。保証書を探したのですが見つからず、そのまま店に持っていきました（きちんと対応してくれました）。

今回は、K18（貴金属の素材の名称）の指輪をふたつ持ち込みました。

修理代金はひとつは1万4000円、もうひとつは歪み直し込みで1万7000円で、修理期間は1ヶ月ほどかかりました。

サイズ直しから戻ってきた指輪はキツすぎず、緩すぎず、小指にぴったり！　思い入れのあるものだったので「直してよかった」と、大満足です。それから毎日身につけています。

もし、これから指輪やネックレス、ピアスなど貴金属のジュエリーを買おうと思っている方がいたら、商品を購入する際に、サイズ直しや装飾が取れてしまったときの修理が可能か必ず確認しておきましょう（デザインによってはできないこともあります）。

また、サイズが変わってしまったり、壊れてしまったアクセサリーやジュエリーがお家《うち》に眠っている人は、まずは気軽に購入した店舗に相談してみましょう。お気に入りのアイテムは、歳を重ねても身につけていけたら嬉しいですよね。

メンテナンスすることとは、モノとの関係を問い直すこと

靴の修理、バッグの修理、指輪のサイズ直しを経験して、「**メンテナンスをすることで、そのアイテムと一緒にいられる時間を延ばすことができるのだな**」と実感できました。プロに直してもらったアイテムは、どれもピカピカ輝いていて生命力を取り戻していました。

修理に出すとお金も時間もかかるので「果たして、私はこれを直してまで身につけたいのだろうか？」と自分に問い直す機会になります。

そして、モノを使い込むと、傷や汚れがついたり、サイズが変わったりすることと同じように、「気分が変わること」だってありますよね。その際に、メンテナンスせずに買い直すという決断も、もちろんいいことだと思っています。

修理しようか迷ってしまったら、

①新しいものを試着して、今使っているものと比べてみる

②手放そうか、お直ししようか、一度紙に書き出して「脳内会議」をしてみる

このふたつをしてみると、自分の考えが明確になります。

私も靴やバッグや指輪を修理に出すときに、「直した方がいいかな？　それとも新しいものを買った方がいいかな？」と何日か真剣に考えました。

そして考えながらいろいろな店舗で試着をしたら、「**やっぱり、今使っているものが一番心がときめくな**」とはっきり感じることができて、使い続けることを選択しました。

手放した後に「やっぱり、もったいなかったかも」とならないように、**脳内会議の議事録を手帳などに書き残しておく**といいでしょう。自分が考えたことを読み返すと、後悔しそうになったときに「やっぱり今回は手放して正解だったな」と納得できます。

その都度、どちらが良いのか、じっくり問い直していきましょう。

3

服は、コミュニケーション道具

好きな服や持ち物は、気が合う人を呼んでくれる

着ている服や、持ち物をきっかけに会話が生まれることってありますよね。

「人を見た目（表面的なもの）で判断してはいけない」なんて言葉もありますが、**身につけているものがきっかけで相手と会話が盛り上がって仲良くなっちゃった！** というケースは嬉しいものです。

例えば、私の愛用しているバッグには、正面にインパクトのある犬の顔のモチーフがついています。エレベーターの中や電車の中で「そのバッグかわいいですね」と話しかけられたことは数え切れないくらいありますし、初対面の人に「それ、どこで買ったんですか？」なんて聞かれて話が弾むこともしょっちゅうです。

私にとって、自分が気に入っている持ち物が褒められるのはとても嬉しいことです。

5〜6年会っていなかった友人と街中でばったり会って、「そのバッグ目立つからすぐに分かったよ」と駆け寄ってきてくれたこともありました。

決して「目立つもの」がいいわけではないのですが、いろんな人と交流したい！　とい

うオープンな気分のときに、持ち物がきっかけで周りから声をかけてもらえるというのは大きな利点です（逆に見つけてほしくないときはバッグの裏面を見せて歩いています）。

大きなブランドロゴは、阪神ファンがストライプ柄のユニフォームを着るのと一緒

ファッションに「ツッコミどころ」が多い人は、気さくな感じがして人から話しかけられやすくなります。

飲み屋さんに行くときに阪神タイガースのユニフォームを着ていれば、「阪神ファンなの？」と野球の話題を振られることもありますし、好きな漫画やアニメのTシャツを着れば、「その作品、いいですよね！」と共通の趣味の会話のきっかけになることも。

みなさんの中にはもしかしたら「ブランドロゴ」や「ブランド名が分かるもの」が苦手な方もいらっしゃるかもしれません。シャネルのマークがドーンとついたバッグやルイ・ヴィトンのモノグラム、グッチやディオール、セリーヌのロゴTシャツなど、なんだか理由もなく「うっ」と拒否反応が出てしまう方もいらっしゃるでしょう。

一方で、ファッション好きの方には「ブランドロゴ」が大好きな方もたくさんいます。例えば私はグッチが大好き。いつもグッチのロゴをかたどった大きめのネックレスをしています。これは威張りたいわけでも、権力や財力を表しているわけでもなく「ファッションの話がしたい」というストレートなアピールなのです。

このネックレスを身につけることで、おしゃれ好きな方が話しかけてくれる機会が格段に増えましたし、知りたいファッションの情報が自然に集まってくるようになりました。そう、まさに阪神ファンがストライプ柄のユニフォームを着ることや、カープファンが赤いキャップを被るのと同じ心境です。「私はこのスポーツが好きで、このチームを応援しています」というのと同様の意思表示なのです。

好きなものを身につけているだけで、自然と対話が生まれます。

ブランドロゴが苦手な方は無理に身につける必要はありませんが、「そんな考え方もあるんだな〜」と心に留めておいてくださると嬉しいです。

買い物に行くときは、意識的に好きなものを身につけよう

アパレルショップの店員さんがお客さまの持ち物を見て「その指輪かっこいいですね」「お持ちのバッグかわいいですね」と話しかけることがあります。

その声掛けは「おだてていい気持ちにさせて商品を買ってもらおう」という意味ではありません。「このお客さまがどんなものが好きなのか、もっと知りたい！」という店員さんからのコミュニケーションなのです。

店員さんはお客さまが身につけているものを見て、おすすめするものを考えています。例えばシルバーの大きめの指輪をつけていたら「この方は、かっこいい雰囲気のお洋服が好きかも」、かわいらしいピンクのバッグを持っていれば「バッグに合わせて、可憐な服をおすすめすると喜ばれるかも」、きれいな色のストールを巻いていたら「鮮やかなカラーのアイテムをおすすめしてみようかな」そんな風に提案を変えています。

「今の自分の気分にぴったりの服を選びたい！」と思ったら、お買い物に行くときに一箇所だけでもコミュニケーションが生まれるようなものを身につけていきましょう。

自分のことを相手に知ってもらえれば、より自分にマッチするアイテムをおすすめしてもらえます。

バッグやアクセサリーで言葉を使わない自己紹介をしてみよう

前作『一年3セットの服で生きる』でも「自分の持っているバッグで自己紹介をしましょう」とお伝えしました。**バッグやアクセサリー、雑貨などは名刺がわりに（時にはそれ以上に）自分を物語ってくれます。**言葉を交わさずとも自己紹介ができる千載一遇のチャンスをくれるのです。

例えばあなたがマリメッコ（フィンランド発のブランド）のトートバッグを持っていて、「その柄かわいいね」と話しかけてもらったとしたら、「ありがとう、北欧のデザインが好きなんだよね」と話すきっかけになるかもしれません。

美術館やアートが好きな方は好きなアーティストのグッズ（例えばミュージアムショップで販売しているピカソやマティスのトートバッグ）を持っていると、美術好きの方に声をかけてもらいやすくなります。

音楽が好きな人はライブグッズのスマートフォンケースやキーホルダーなどで「私もそのミュージシャン好きなの！」と会話が生まれることも。

私には今でも思い出すくらい印象に残っている良い「自己紹介」エピソードがひとつあります。

高校時代、「面白いイラストが描いてあるペンケース」を持っているクラスメートがいました。今まで一度も話したことがなかったのですが、思わず「それ、いいね」と話しかけたことがきっかけで意気投合し、大親友になりました。

好きな映画や漫画が不思議なくらい一致して、「持ち物ってその人の好みが出るから大事だな……」と身にしみて感じました。彼女とは20年経った今でも仲良しです。

自己紹介は、よい自己暗示にもなる

そして、**自然と目に入るバッグやアクセサリーは時に「自己暗示」にもなります。**

カチッとしたバッグは「しっかり仕事しよう！」と自分を奮い立たせてくれますし、明るいカラーの傘を持つと「雨の日も朗らかな心持ちでいよう」と思えます。

失敗して落ち込んでしまったときも、個性的な柄のバッグが目に入ると、「そうだ、ユーモアを大切にして生きようって決めたんだった」と、自分を立て直すことができます。そんな風に、自己紹介で選んだアイテムは自己イメージをなりたい方向へ変えてくれるのです。

SNSのアイコンも自己紹介

LINEやX、Instagramやブログサービスなど、登録するときに「アイコン画像」をどうするかって悩みますよね。

不特定多数の人の目に留まるSNSで「自分の顔」を出すのは少し抵抗があるな……と思ったら、大好きなバッグやアクセサリーを部分的に写真に撮ってアイコンにしてみるのもおすすめです（特徴的な持ち物はSNSにアップすると身バレの危険性もあるので、十分気をつけていきましょう）。

気に入ったアイテムからは「自分らしさ」が溢れています。お気に入りの服の柄でもいいですし、バッグと一緒に旅をしている写真でもいいでしょう。SNSのアイコンは毎日自分の目に映るものでもあるので「**自己紹介&自己暗示**」に繋がります。

現代ではインターネットで知り合った人と友達になる機会も増えましたし、仕事でもリモートワークが普及し、アイコン画像で会話をする機会が多くあります。

アイコンはもしかしたらその方の「顔」より先に知る「肖像」かもしれません。自分の心にしっくりくるものを見つけていきましょう！　あなたの魅力が伝わりやすくなります。

身につけるものだけが、ファッションではない

ずっと欲しかったけれどなかなか手を出せなかったアイテムがあります。

それは「**シルクスカーフ**」です。色や柄の種類が豊富で、遊び心たっぷりのアイテム。ある日、見た瞬間に「これはどうしても手に入れたい！」と、心奪われる柄に出会ってしまいました。

しかし、自分の服と合わせてみると、テイストが違ってスタイリングがごちゃごちゃに。「うーん、一目惚れしたけれど、きっと使いこなせないな……！」と、購入に二の足を踏んでしまいました。

もちろん、スカーフにもいろいろな使い方があって、首に巻いたり、髪に巻いたり、手首に巻き付けたり、バッグのハンドル部分に巻いたりとさまざまな工夫ができます。私もどうにか使いこなせないものか、と考えてみたのですが、どうしても上手くいきません。

せっかく買うのであればきちんと身につけたい。コーディネートの主役にしたい。でも「合わない」のであれば買っても使わなくなってしまうかも……。

そんなことをモヤモヤと考えていたときに、学生時代からの友人に10年ぶりに会う機会がありました。現在30代になった彼女が着ている服は「シンプルでかっこいい」雰囲気です。しかし、バッグからは、ラブリーなノートや、かわいいキャラクターモチーフのハンカチ、スマートフォンケースなどがどっさり出てきました。バッグの中には学生の頃からかわいいものが大好きだった友人の「変わらない一面」が詰まっていたのです。

「ファッションは今はかっこいいのを着たいんだけど、小物はずっとかわいいものが好きなんだよね！」そう言ってにっこり笑う彼女。心の底にある「かわいいもの好き！」が表れていて、チャーミングな魅力となっていました。

そこで私は閃《ひらめ》いたのです。**スカーフを無理やり身につけなくても、持っているだけでも**

自分らしさを表せるはず！　と。

悪魔の囁きなのか天使の歌声なのか分からない閃きを携え、すぐさま店舗に向かいました。

実物を見てみるとやっぱり心臓が張り裂けそうに素敵です。大きな全身鏡の前で肩に巻いたり手首に巻いたり、試着をさせてもらったのですが、身につけると服に合わなくてやっぱり「うーん」となってしまいました。

しかし、こんなに心ときめく柄にはなかなか出会えないかもしれない、と思って、45センチ×45センチの小さなサイズのスカーフを購入しました。

購入して分かったのは、**「心から気に入ったものであれば、無理に身につけなくても大満足できる！」**ということです。バッグの中に入れておいて、カフェでふわっと膝にかけただけでも楽しい、美しい。

柄をカラーコピーして手帳カバーに入れてみたり、写真に撮ってスマートフォンの待ち受けにしても気分が上がります。家にいるときはリビングにインテリアとして飾ってあります。それだけで心がウキウキして、最高の気分になりました。

本来であれば心から愛せるアイテムを見つけて毎日身につけたいところ。しかし、今回のケースのように「今の自分のファッションとテイストが違うな」と条件が合わないこともあります。鏡に映った自分の姿を見てしっくりこないのであれば、満足のいくコーディネートとは言えません。

それでも、「見るだけで素敵！」と思えるようなアイテムなら、持ち歩くのがおすすめです。指輪やピアスなどのアクセサリーでもいいですし、ハンカチやスカーフなどでもいい。ペンやノート、毎日持てる小さな筆記用具でもいいですね。

外出時にこっそり見るだけでも気分が上がりますし、友人に会ったときに「見て見て！」とサプライズ的に出す機会もあって、結果的に満足度が高いお買い物になりました。香水やコスメなども同様に**「身につけるとちょっと似合わない気がするけれど、胸がドキドキするほど大好き」**と思うものがあったらぜひ手に入れてみてください。

そしていつも目に入るところに置いておきましょう。きっと自分のなりたいイメージが明確になります。

「美容」は夏休みの自由研究

ファッションは好きでも、スキンケアやヘアケア、ネイルケア、ボディメンテナンスなど「美容」に関することってすぐに効果が出にくいし、やる気が出ない……という方、いらっしゃるかもしれません（実は、私もです）。

興味はあるけれど、百貨店のコスメカウンターやエステやパーソナルトレーニングに行くのはちょっとハードルが高くって気が重いな。そんな風に考えて、なかなかスタートできない方もいらっしゃるのではないでしょうか。

そんなあなたにおすすめの方法があります。それは「**30日間チャレンジ**」です。

30日間、テーマを決めて「美容」に取り組もう

夏休みの自由研究は「およそ1ヶ月」と期間が決まっているからできるもの。ずっと継続しようと思うと、ちょっと始めるのが億劫です。

なので、私が美容に取り組むときは**小さめのテーマを決めて「よし、30日だけやってみるか」**と重い腰を上げて始めます。

30日間の内訳はこんな感じです。

①最初の10日間は知識をつける
②次の10日間はトライアルする
③最後の10日間は同じことを継続する

例えば、「肌荒れが気になるからスキンケアをしてみようかな?」と思ったとき、突然高い化粧品をシリーズで揃えて買ったりしてはいけません。冷静に30日間の計画を立てましょう!

最初の10日間は「情報収集」の期間

まずは、さまざまな「肌荒れ対策」を調べます。すると、食生活を見直す、水分をきちんと摂る、睡眠時間を多く取る、適度な運動をする、しっかり保湿する……などなど、スキンケアにもいろいろな方法があることに気がつきます。本屋さんで専門書を一冊買って読むのもいいでしょう。最初は広い視野を持って「情報収集」の時間を作りましょう。

次の10日間は「トライアル」する期間

「今日は水分をたくさん摂ってみよう」「今日は早めに寝てみよう」「今日は持っている化粧水でパックしてみよう」など、できそうなところから毎日違うことを試してみましょう。もちろん一回限りで効果がすぐに出るわけではありません。しかし「小さな一歩を踏み出せた」ことが自信に繋がります。トライアルなので上手くいかなくて当然です。失敗を恐れず、どんどんいきましょう！

最後の10日間は「同じこと」を継続する期間

最後はトライアル期間に「これいいかも」と思ったことを継続する10日間です。同じ時間に寝る、サプリを継続して飲む、ちょっといい乳液を小瓶で買って毎日使ってみる……など、ひとつのことを継続してみましょう。

その30日間でビフォー↓アフターのような劇的な変化はなかったとしても、**自分だけが分かる「自由研究の結果」を得ることができます。**

情報収集の期間とトライアル期間を設けることで、焦って高価なものを買ってしまったり、知識がないまま自分が向いていない方向に時間とお金をかけてしまったり……なんてことも防げます。

美容も「コミュニケーション」になる

最初は「美容のことを話すのはちょっと恥ずかしいな……」と感じていた方も、チャレンジした後はきっと話したくなってしまうものです。

「しみそばかすに効くクリーム、使ってみたよ」「スクワットを毎日してみたよ」「眉毛メイクにチャレンジしてみたよ」。できることが増え、効果が出てくると人に教えたくなります。ぜひ情報交換のためにも取り組んでいることを仲の良い人に報告してみましょう。SNSで「こんなチャレンジしているよ！」とオープンにしてみるのもおすすめです。

例えば、スキンケア30日チャレンジ、リップ探し30日チャレンジ、眉毛メイク30日チャレンジ、ストレッチ30日チャレンジ、美姿勢30日チャレンジ、むくみケア30日チャレンジなど、自分が気になっていることであれば、なんでもOKです。

未知のことを始めるのは怖いものですが、ちょっとでも知っているとハードルがぐんと低くなります。まずは「自由研究」だと思って30日間だけ挑戦してみましょう！　きっと美容が楽しくなります。

4

服は、練習

服選びは、知識と経験の「地層」からできている

みなさん、**「できることなら、最短ルートで失敗せずに満足のいくファッションがしたい」**という思いを抱えています。たしかに、同じ成果をより効率的に短期間で出せるようになれば、それに越したことはありません。

しかし、今まであまりファッションに興味がなかった方（例えば人からもらったお洋服をずっと着続けてきた方など）が、短期間で自分らしいファッションを選べるようになるかというと、やはりそう容易《たやす》いものではありません。

少なくとも、**本気の服選びを始めてから満足するまでには3年以上の月日がかかる**と思っています。

「誰でも簡単に」「真似するだけでおしゃれ」「お金もかけずにすぐできる」という言葉はとても魅力的ですし、今困っていることを「どうしても早急に解決したい！」ということであればもちろん効果的です。

しかし、インスタントに仕入れた情報やよく考えずに買ってしまったもので長く満足が続くことはなかなかないもの。何ヶ月か経つと、「これでよかったのかな……」「なんで買っちゃったんだっけ？」と深い悩みのプールに沈んでいって、着なくなった服が部屋に溢れてしまいます。

ある程度腰を据えて、自分の地層を積み上げないと、深く根を張ることができず、すぐに自信が揺らいでしまいます。

はじめの一歩から「上手に服選びができる」というのを目指す必要はありません。ひとつひとつ軽い気持ちで「**今回は、練習**」「**今日もいい地層を重ねたな**」と心の中で呟きながら、取り組んでいきましょう。

どんな物事も「好きこそものの上手なれ」。練習を始めるときは、できればファッションを恨まず憎まず、ちょっぴり好きになってほしいと思っています。

実は、私は料理が大の苦手。一人暮らしを始めてから、「上手く作れなくって嫌だな……でも作れるようにならなければ」と半ば恨みながら取り組んできました。しかし、憎みながらやっても、全然楽しくないし人と比べちゃうし、上手くもならなければ、もちろん料理好きにもなれません（そりゃそうですよね）。

料理に関する地層を持たず、「誰でも簡単に」「真似するだけで美味しい」「お金もかけずにすぐできる」というものをただ受動的に受け入れて作っていたら、どんどんゴールが分からなくなってしまいました（もちろんそれを提唱する料理研究家さんたちは素晴らしいのですが、自分の目指すところが見えていなかったのが原因です）。

そして「本当にこれでいいのかな？」「みんなから見たら変なのかな？」というモヤモヤした気持ちだけが残っていきました。

好きになるには「ピンポイント」で「何回も」！

なんとかこの受動的なループを抜け出したい！　と思って、「楽にすぐに上手くなる」というのを手放し、「一品だけ」好きな食べ物にグッと的を絞って真剣に練習してみることにしました。

例えば「**ゴーヤチャンプルーが好きだから毎週作ろう！**」と決めて、何回も繰り返し作ってみました。毎回食材選びや味付けを試行錯誤して取り組んでみたら、「私の中では美味しいと思えるものができた」と、はじめて満足できたのです。

私の考える料理のゴールは、「楽したい」でもなければ、「人に料理ができると思われたい」わけでもなく、ただ「自分が美味しいと感じるものを作りたい」という単純なものだったのです。それが分かって、やっと料理が好きになってきました。

ファッションも、料理を作ることも、絵を描くことも、楽器を演奏することも、スポーツなどもきっと同じです。**最初に習得したいことをピンポイントでひとつ決めて、「数」をこなしていくことで、自分の満足できる「ゴール」が見えてきます。**

ファッションもひとつずつ突き詰めよう

服選びもいきなり「本番だ」と思うと大体の場合、上手くいかないものです。練習にはコツが何点かありますので、ぜひ参考にしてください。

①ピンポイントでアイテムを決める

まずは一度にすべてのアイテムに取り組むのではなく、自分が興味を持っている特定のアイテムに絞って練習しましょう。例えば「イヤーカフ」が気になったら、最初にパッと目についたものを購入するのではなく「今は練習期間だ」と心の中で唱えて、集中的に探します。

②ウェブで情報収集する

どんなデザインがあるのか、使っている人がどんな風に身につけているのか調べましょう。「アクセサリーショップをよく知らないな」ということでしたら、ZOZOTOWNなどのファッション通販サイトで「価格が高い順」に検索してみるのがおすすめです。雑誌やInstagramでスタイリングを参考にするのもいいでしょう。

③店頭で情報収集する

ウェブや雑誌、Instagramなどで気になったアクセサリーショップを実際に訪れ、店員さんに「イヤーカフ初挑戦なのですが、どれがおすすめですか？」と聞いてみましょう。

着ている服のイメージや耳の形から、あなたに合ったものをアドバイスしてくれます。

④繰り返し試着（練習）する

店頭で試着してつけ心地を確かめましょう。「痛くならないか、首を軽く振ったときにすぐに落ちないか」など使用感を確かめて、全身鏡で全体のコーディネートを見ながらじっくり検討します。はじめて購入するアイテムであれば、5〜10ブランド見てから決めましょう。「ピンポイント」で「何回も」探せば必ずこれだ！ と思うものが見つかります。

「新しい服」は試運転が必要です

「今までとは違った服が着たいな」と思ったときには**必ず、「試運転」が必要**です。たとえそのファッションがあなたにバッチリ似合っていたとしても、実際に街に出て「自分のなりたい気持ちに合っているかどうか」は、体験してみないと分からないからです。

例えば、「ちょっと主張が強め（派手なイメージ）のファッションをしてみたい！」と思ったら、持っている中で一番強い色の服を着て、アクセサリーをたくさんつけて外出してみましょう。

一人で電車に乗って隣の駅のカフェに行ってみたり、近所のスーパーに行ってみたりしながら気持ちを慣らしていきます。実際に外に出てみると、「意外といけるかも！」と思えることもあります。

試運転なしに、いきなり会社に着ていったり、友人とお出かけしたりすると、心の準備ができずに「失敗した」と思ってしまい、あれよあれよとクローゼットの奥に追いやって「着ない服」になってしまうことがあります。

「まずは練習あるのみ。違うと感じたら微調整していこう」と思えると新しいファッションにも挑戦しやすくなります。

私も新しい服を買ったときは、初日から人に会ったりせず一人で近所のコンビニや本屋さんに行って試運転しています。ショーウインドウに映った自分を見て「袖をもう少し折ってみようかな？」と着こなしの調整をしたり、「ヘアスタイルはおろしているより結んだ方がバランスよさそうだな」と考えたり、必ず**何日か「練習日」を作ります。**部屋の中で着るのと、実際に外で歩いたり動いたりするのでは違う発見があるものです。

靴やバッグも試運転してみよう

新しい靴を履くときには、できれば数日〜数ヶ月、近場を歩いて履き慣らしましょう。新しいバッグを使うときも練習期間を取って荷物の量を調整しましょう。**いくらファッション上級者さんであっても、初日から「最適」に辿り着けるわけではありません。**日々試行錯誤してから取り入れているのです。

今から練習を始めてどんどん地層を積み上げて、深い土壌を育てていきましょう。気になっているファッションの種を蒔いておけば、2〜3年後には自分だけの大きな花を咲かせることができます。

このあと、「こんな練習をしてみてほしい」というアイデアをお伝えしていきます。

「ナンバーワン」を決める練習

みなさんはご自身にとっての「ナンバーワンの服」を決めるのは得意ですか？

持ち物すべてに愛着がある方もいらっしゃると思いますし、どれも大事なオンリーワン。「お洋服に順位をつけるなんてナンセンスだな」と思うかもしれません。

しかし、ファッションと向き合う際に、「自分の中でのナンバーワンを決めてみること」は大切なこと。健やかな状態のクローゼットを作るうえで、とてもいい練習になります。

あなたは「買えない派」？「買いすぎる派」？

心地よいクローゼットを作るためには、「決断力」が必要です。決められないと、お買い物や服を手放す場面で、なかなか前に進めないからです。

例えばBさんは、ショッピングに出かけて「買うものが決められず帰ってきてしまった」、Cさんは「悩んでしまったからトップスを一度に10着買ってしまった」なんてことがあるとします。

Bさんは「失敗が怖くていつまで経ってもお気に入りの服を手に入れられない」＝結局気に入っていない服を着て過ごしている状態。

Cさんは「家に服が溢れていて、毎朝迷ってしまう」＝まあまあ好きな服はクローゼットにあるけれど、毎日の服装に満足はしていない状態。

というモヤモヤクローゼットになりがちです。

持っている服を手放すときも同じような悩みが出てきます。

Bさんは「この服、もうボロボロで手放したいけれど、次の服がない」、

Cさんは「いっぱい好きなものがありすぎて、結局着ていない服がたくさん眠っている」、

ということに悩んでしまっているのです。

BさんとCさんのお悩みは一見違うようですが、

Bさんは「**思い切って買うという決断ができない**」、
Cさんは「**少数に絞るという決断ができない**」、
と、どちらも「**決められない」ゆえの悩み**なのです。

ナンバーワンを決めると自分の「こだわりポイント」が明確になる

そんな風に「私は決断力がないな……」という自覚がある人におすすめなのが「**ナンバーワンを決める練習**」です。今、あなたのクローゼットにあるもので各アイテムのナンバーワンを決めてみましょう！

ナンバーワンの靴、ナンバーワンのバッグ、ナンバーワンの指輪、ナンバーワンのコート、ナンバーワンのボトムス、ナンバーワンのトップス。それぞれ選んでみてください。

基準はそれぞれのアイテムごとに、自分で考えてみましょう。一番好きでも、一番似合うでも、一番着心地がよいでも、なんでも自由に考えてみてください。

そしてナンバーワンを決めたらその横に「理由」を書き添えましょう。

例えば、

「このバッグは軽くて色が好きでデザインがかっこいいからナンバーワン」

「このスカートは洗えて、着心地がよくて、合わせやすくて、下半身がスッキリして見えるからナンバーワン」

こんな感じです。**自らの言葉で語ってみると、アイテムごとの譲れない要素や大事にしたいこだわりポイントが見えてきます。**

あくまで「練習」だから思い切る

これはファッションの思考力を鍛えるゲームだと思ってください。

「ナンバーワンを毎日使わなければいけない」わけでもなければ、「それ以外を手放さなければいけない」わけでもありません。

例えば私がナンバーワンの靴を選ぶときは、「何時間履いても疲れない履き心地のいい靴」に決めました。一方バッグは、「少し重くて使いづらいけれど、見た目が最高にかっこいいバッグ」に決めました。

アクセサリーを選ぶときは「ときめき重視」で、洋服を選ぶときは「身体がスッキリして見えること（着痩せするもの）と、洗えること（機能性）」を上手く満たしたバランス感のいいものがナンバーワンでした。

アイテムによって、機能性を優先するものと、見た目のときめきを優先するもの、また「似合うこと」を優先するものと、分かれてきます。

そうやって頭を悩ませて**「決める練習」をすると、次に服や雑貨を選ぶときの大きなヒントになってくれます。**買い物のときにも、手放すときにもチェックしてほしいポイントです。

およそ2年でナンバーワンを入れ替える

みなさんは同じ服を大体何年くらい着ていますか？

私は「服はおよそ2年使ったら手放す」というマイルールを作って、クローゼットの中を定期的に入れ替えるようにしています（靴、バッグ、アクセサリー、アウターなどは2

年以上使っています)。

なぜ2年でナンバーワンを入れ替えるのかというと、
①期限を決めておくと、自然と着用回数が増えるから
②数年ごとに「今、自分に合うもの」にアップデートしていきたいから
という理由からです。


制服化する以前は、期限を決めていなかったので「生地が傷むのが早くなってしまうから着る回数をセーブしておこう」という思考になって、もったいなくて着用回数が減ってしまうことがよくありました。

制服化してからは「**2年後にはお別れしよう!**」と**最初に決めておく**ことで、遠慮なく一着の服をたくさん着て、時が来たら潔く手放すことができるようになりました(たくさん着るので2年持たずにクタクタになってしまうこともあります)。

また、服を選ぶ上で、**ほんの少しのトレンド感も必要**だなと感じています。私は流行最前線のものを着るタイプではないのですが、5〜6年前の服をずっと着ていると

・今の(世間の)トレンドと合っていない

・今の（自分の）気分と合っていない
・今の（自分の）外見と合っていない

と微妙にズレが生じてしまうのです。どんなに好きな服だったとしても「今の自分」を基準にしたいと考えています。

手放す時期のマイルールを決めるといつも身軽で風通しのいいクローゼットが作れます。最初は「決断する」ことに戸惑ってしまうかもしれませんが、慣れていくと考えがスッキリ、解放された気分になります。

練習を続けると、1年後の自分は「**服を選ぶのがちょっと楽**」、2年後の自分は「**だいぶ楽**」、3年後の自分は「**余裕しゃくしゃく**」になっています。

ご自身の「ナンバーワン」を心の中で決める練習、ぜひ取り組んでみてくださいね。

買わずに見学＝社会科見学気分で楽しもう

「明日のお出かけで着る服がない。今日急いで買わなきゃ！」そんな風に毎回ギリギリのお買い物を繰り返してしまう方はいませんか？

いつも予定の間際で**買うか買わないかの勝負**を続けていると、なかなか落ち着いて「最高のクローゼット作り」ができません。

できたら**月に一度、**映画館に行ったり舞台を見に行ったり美術館に行ったりするのと同じような気持ちでショッピングに行ってみてください。買うかどうかはとりあえず考えなくていいんです。いいものを見るとつい買ってしまうという方は**お財布を置いて街へ出ましょう。**

お買い物は、社会科見学です。小学生のときに工場見学に行ったように、現場で専門家からの説明が受けられて、教科書だけでは分からないリアルな世界を体感できる、そんな学びに溢れた機会です。

興味深い世界を知るため、そして未来の自分のファッションのために、ちょっと時間をとって**「買わない体験」**を積み上げましょう。

「見学のしおり」を作ってから出かけよう

もし、みなさんが「京都旅行」に行くとしたら、まっさらなノープランで行くことってあまりありませんよね（京都に住んでいる方はフラッと出かけられるかもしれませんが……うらやましい！）。

例えば「JR京都駅→嵐山で食べ歩き→金閣寺→旅館チェックイン」と旅の流れをざっくり考えてから出かける方が多いのではないでしょうか？

ショッピングも同じように「見学のしおり」を作ってから出かけましょう！

いつもは「フラッと買い物に行くよ」という方も、ぜひ一度「この路面店に行って、この百貨店に行って、どんなものを見て、何を試着して、どのタイミングで休憩して、どんなカフェに行くのか」までわくわく考えてみましょう！

例えば、「今日はジュエリーの見学だ」とテーマを決めて、タサキやミキモト、ショーメ、ブシュロン、ティファニー、ヴァン クリーフ＆アーペルの路面店を巡ってみましょう。

また、「今回は靴の見学をしよう」と決めたら、ジミー チュウ、クリスチャン ルブタン、マノロ ブラニク、セルジオ ロッシ、ロジェ ヴィヴィエなど憧れのシューズブランドを回ってみてもいいでしょう。

まずは買わない、見学だけです。「こんなきれいなものが世の中にあるんだな」「こんなデザイナーさんがいるんだな」という知識を存分に味わい、視野を広げましょう。そしてどんどん試着をしてください。今まで見学に行ってよかったと感じたエピソード3つをお伝えします。

ティファニーで思わずハッピーになった社会科見学

先日ティファニーに行ったとき、ショーケースの中に一際輝く指輪を見つけて目が離せなくなってしまいました。それは**6000万円のダイヤモンドの指輪**。「美しいな、世界にはこんなにも眩《まばゆ》いものが存在するのだな」とうっとり。見るだけで心の栄養になりました。

店内をぐるりと見渡すと雑誌で見て気になっていた10万円台の指輪があったので試着してみました。キラキラと光っていて触り心地もなめらか。雑誌で見たものと実物は輝き加減が全然違いました。リアルはやっぱりすごい。イエローゴールドとピンクゴールド、どちらが自分の肌に合うかな？　どのサイズがいいかな？　手持ちのリングと合うかな？など、**「もし買うならどれにしようかな？」**と真剣に考えました。

周りではお買い物をしている同世代の女性たちが真剣な眼差しでネックレスや、指輪、イヤリングを探しています。ちらっと隣を見て「お姉さん、そのネックレス似合いそうだな」とか「きっと頑張ってお金を貯めて買いに来たんだろうな」と思って、心の中でエールを送ってきました。

案内してくれた店員さんに「ありがとうございます、真剣に検討してまた来ます」とお伝えし、さっと退店しました。きれいなものを見て、体験して、同志の様子を見ることができて、もうそれだけで私は満たされてハッピーな気持ちでした。

そして**「いつか手に入れたいな」というものの目星**がつけられました（店内にいたのは10分ほど。もちろん、礼儀正しく会話をし、お店に迷惑がかからないようにしています）。

こういった「ファッション見学ツアー」の積み重ねでどんどん知識が増え、見る目が養われ、経験値が上がっていきます。

グッチのコートを試着して感激

グッチでコートを試着したときのエピソードです。オープンしたての真新しい店舗。さらっと店内を回っていたらマントのような形のクラシカルなコートを見つけました。「**シルエットがきれいなので、ぜひ羽織ってみてください！**」と店員さんがすすめてくれたので、思い切って試着させていただきました。

そのコートを纏った自分を全身鏡で見て、腰を抜かしてしまいました。**自分だけど、自分じゃない、とてもかっこいい人がそこに立っていた**からです。思いもしなかった展開に胸が詰まって、今にも泣き出しそうになりました。

顔も、体型も、自分のまま、そのままなんです。それでも「**いつか、こういう人になれるかもしれない」という姿の私がそこに映っていました**。そのときに「このコートを買えるような人になりたい」と希望が生まれました。「買えないから」と思って着てみなければば、一生分からなかったことです。一歩踏み出してみてよかったと思えた体験でした。

意識が変わったクリスチャン　ルブタンの試着

「憧れはクリスチャン　ルブタンの靴を履くこと」とおっしゃっていたお客さまの話です。試着したことがないとおっしゃっていたので「一度履いてみましょう」と店舗にお連れしました。はじめてルブタンのハイヒールを履いた彼女は、ドキドキするほど輝いていて、周りにいる人たちの視線が自然と集まっていくのが分かりました。

靴を変えただけなのに、身体の内側から発光しているような輝きです。憧れの靴を履いた姿を見て、「生まれてはじめて自分のことをきれいだと思えました」と目を潤ませていらっしゃいました。

以前は、**「どうせ一生買えない（買わない）から、履いてみても意味がない」**と思い込んでいたそうです。そんな気持ちでいたら街やSNSでルブタンの靴を履いた人を見るたびに「もう、そんな靴を見るのも嫌だ」と嫉妬で気持ちが拗《こじ》れてしまったとのことでした。

しかし、実際に履いてみたことで、心のモヤモヤが晴れ、「やっぱり、美しい靴だな。**嫉妬で苦しむ前にまずは履いてみればよかったんだ**」と気がついたとのこと。そこから3年間、真剣に試着を重ねて、ついに憧れの靴を手にすることができたそうです。「**この靴に合うような人になりたい！**　と毎日筋トレをして足を鍛えました」と眩い笑顔で話してくれました。

試着には未来を変える力がある

そんな風にファッションの社会科見学には「自分の未来を少しだけ良い方向に変えてくれる」力があります。「いつか買おう」と意識するだけで、力が湧いて、前向きになり、なりたい自分に近づいていきます。

最後に、私が試着をするときに気をつけていることをお伝えします。

・できる限り「こんにちは」と挨拶してお店に入り、「この商品を見たいのですが」「こんなものを探しているのですが」と**自分から店員さんに声をかける**ようにしています。最初はドキドキするかもしれませんが、試着したい商品を決めてから入店するとテンポよく試着ができます。

- 退店時には店員さんに「見せてもらってありがとうございました」と一言添えると、お互いに気分よく過ごせます。
- お店に長居（30分以上）しすぎてしまうと、他のお客さまの対応ができず困らせてしまうことがあります。「今日は買わないけれど見てみよう」というときは**10～15分くらいでさっと退店**するように心がけています（このお店で買うぞ！　と決めているときは、もっとゆっくり試着しています）。
- 店員さんはあくまで「購入を目的としている方のために」接客をしています。「買いません」とはっきり言ってしまうのはマナー違反になることも。「**購入したいと思って検討中なのですが……」とお伝えするとスマート**です。

「試着100回チャレンジ」

さあ、まだまだ練習は続きます。続いては「試着100回チャレンジ」です。靴やバッグやパンツやニット、なんでも「とりあえず1アイテム100点は試着してみよう！」という**ファッションの経験値を積み上げる試み**です。

「いつも面倒だから試着をしないで服を買ってしまう」なんて方はいませんか？　もちろんそれで「最高だ！」と思える服に出会えたらいいのですが、自分にぴったりの制服を見つけようと思ったらそうはいかないもの。

ファッションの基礎力をつけるために、まずは**効率を考えず「数をこなしていく」過程が必要**です。素振り100回！　スクワット100回！　運動部の特訓のような気持ちで取り組みましょう。

例えば**「靴を3～4ヶ月で100足履き比べる」**チャレンジをしてみましょう。「100足」というと大変そうに聞こえてしまうかもしれませんが、慣れるとスイスイできるもの。

お仕事帰りや用事の合間にコツコツ数をこなしましょう。

「素敵な靴がたくさん世の中にあって、自分にはこんな形が合うんだな……」と分かれば、これからどんな靴を選べばいいのか**解像度が上がります。**一度挑戦してみると、ファッションがグッと身近になって選ぶのが楽しくなります。

幅広い価格帯のものをどんどん試着していこう

今まで買っていた価格帯よりドーンと上のものから、いつものブランド、プチプラまで幅広く見ていきましょう。

素材感、仕立て、デザイン、肌触り、シルエット。自分の身体がどんな風に見えて、どんな風に動きが出て、心がどう感じるのか五感を使って確かめてみましょう。

試着した感想をすぐにスマートフォンのメモ帳などに書き込みましょう（たくさんの服を着ていくと、どうしても記憶が曖昧になって忘れてしまうからです）。

手にしたときの興奮や感じた気持ちをリアルタイムで書き残していきましょう。「このバッグはデザインが良くて、触り心地や大きさは最高だった。でもちょっと重かった」など、細かくメモしていくと、いつのまにか「**私にとっての〝最高〟はこれかもしれない**」というものが見つかります。

例えば100着のスカートを試着した後はこんな感じの考察ができるはずです。
・スカート①は、洗えて、扱いやすそう
・スカート②は着心地がとてもいい
・スカート③はオリジナルプリントの花柄がかわいい
・スカート④はスタイルがきれいに見える
……「100着目に試着したスカートは、着心地が良くて、柄がかわいくて、スタイルがきれいに見える。今まで買っていた服の倍の金額だけど、買うならこれしかない！」そんな風に、妥協なきお買い物ができるようになるのです。

…「試着100回チャレンジ」を実践した方の体験談…

・100回試着するのは大変だったけど、**いろんなブランドを知ることができて、選べる幅が広がった。**結果、今までよりも満足度が高い買い物ができた。

・これまでは試着をして「いいな」と思う服があったら「すぐになくなっちゃうかも」と思って焦って買っていた。試着をたくさんしたら、「世の中にはいい服がいっぱいあるんだな」と実感できたので購入を焦らなくなった。

・今まで通販で服を買ってばかりいたので、届いた服を「こんなものか」と思って着ていた。たくさん試着をすることで「**今までの服は自分に似合ってなかったんだ」と知ることができた。**店舗で試着をしたら、ちゃんと合うものが見つかって感動した。

・試着することが苦手で、はじめての店に行くのはハードル高いな。と思っていたけれど、行けば行くほど店員さんと自然に会話ができるようになった。100回終える頃には、**どんな店に入っても緊張せず堂々と話せるようになった。**

回数をこなすって慣れるために必要なんですね。

今は事情があってなかなか試着に行けない……という方は、「**気になる靴100足リス**

トアップ」や「気になるコート100着リストアップ」をしてみるだけでもおすすめです。

無理なくできる範囲でチャレンジしていきましょう。

「雫ちゃん現象」から始まる服との関係。「びっくり試着」を楽しもう

試着をすることに慣れてきたら「びっくり試着」も練習していきましょう。「びっくり試着」とは、「普段は選ばないな」「自分の趣味とは違うかもな」と抵抗感がある服を試着してみることです。

みなさんはスタジオジブリの映画「耳をすませば」を見たことがありますか？　主人公の雫ちゃんと聖司くん、物語の後半からは打ち解けるのですが、最初は印象が悪くて、雫ちゃんは聖司くんのことを「やなヤツ！　やなヤツ！」なんて言うんです。

そんな「**初対面では仲良くなれなそうなファッション**」のことを私は勝手に「**雫ちゃん現象**」と呼んでいます。二人が話してみたら親しくなれたように、ファッションとも相思相愛になれるかもしれません。

お買い物に出かけてお洋服を見たときに、「私にはかわいすぎるかな」とか「シンプルすぎるかな」「クールすぎるかな」なんて思ったら**「びっくり試着」の合図**です。すかさず手に取って試着室へ向かいましょう。

例えば「あまり目立ちたくないから、デザイン性の強い服は苦手です」という方に、一度「思いっきり派手な服」を着てもらうと、「あれ？ 意外と大丈夫だな」「本当は着たかったけど、我慢していたのかも？」と気持ちの変化に驚かれることがあります。

好きなのに両思いになれそうにないから遠ざけてしまう。そんなこともありますよね。

心から「違う」服は着なくてもOK、でもチャレンジだけしてみよう

もちろん、「心がゾワゾワするほど嫌な服」は着なくていいのですが、「なんだか抵抗感があるな、心がざわめくな」くらいであれば体験してみてほしいです（着てみてやっぱり違う！ と分かったら買わなければいいだけの話です）。

例えば、今の私は少し尖ったモード系のお洋服が好きですが、数年前までは「絶対に着

ないぞ」と遠ざけてきました。「強すぎるし、値段も高いし、私が着る服じゃないよね」なんて思っていたのです。

しかし、「強い否定の感情が出てきたら、何かの信号かも」と思い直して試着をしてみたら、ドキドキと心拍数が上がって、上手く言葉にはできないけれど**「身体と頭がビリビリする感覚」**がありました。

そのビリビリの理由が知りたくて、それからは食い入るように「モード系」の服を調べたり試着したりの繰り返し。**やなヤツから「何だか意識しちゃう気になるアイツ」に変わるのは時間の問題**でした（まさに、少女漫画みたいな展開ですね！）。

モード系の服は私にとっての聖司くん。今では尊敬できる大切な相棒になりました。「絶対に着ないぞ」と思っていたのは、気になっているから遠ざけてしまう甘酸っぱい気持ちだったのかもしれません。

「びっくり試着」で可能性を広げよう

同じように、最初は「この服、やなヤツ」と思ったけれど、試着をしてみたら「意外としっくりきて定番化しました」という話をたくさん聞いてきました。
制服化をしていると、どうしても自分の「枠」や「決まり」ができていきます。それ自体は悪いことではないのですが、時にセオリー外のことに挑戦しづらくなってしまうことも。**自分の可能性に蓋をしないために、意図的に「びっくり」や「驚き」を味わう**ようにしています。

…「びっくり試着」を実践した方の体験談…

・「かわいい服なんて絶対嫌！」と思っていたけれど、40歳を超えて「一度向き合ってみようかな」と思い立ち、今までは手に取ったこともなかったラブリーな服を試着してみました。実際に着てみると、嬉しいような、切ないような不思議な感情が湧いてきてなぜだか涙が止まらなくなってしまいました。まだ言葉にできていないけれど、食わず嫌いしないで着てみるのも大切だなと実感できました。

・ブランドロゴが入ったバッグに強い苦手意識があって「全然好きじゃないな」と思いながらも試着してみました。全身鏡を見たら、予想外に似合っていて本当にびっくり！　買うかは分からないけれど、苦手意識がスッとなくなって、選択肢が増えました。

・いつも通販でLLサイズの服を買っています。選べる服が少ないので、アパレルショップへ行くと心が苦しくなって、いつも百貨店ではコスメフロアしか見ないで帰っていました。
びっくり試着の話を聞いて「もう、どうにでもなれ！」と思いながらショップに行ったら、店員さんが親身になってくれて合うサイズの服をどんどんすすめてくれました。「あれれ、思ったよりも着られる服がある！　なんで？」と本当に驚きました。もちろん、すすめられてもファスナーが上がらない服はありましたが、むしろ、着られる服の方が多かった。今までアパレルショップを「やなヤツ！」と憎んでいたのが嘘のようです。

「びっくり試着」で未来への種蒔きをしておこう

今から勇気を持って試着しておけば3年後、5年後、なりたい自分像が変わったときに「そうだ！　あの服を着ればいいんだ！」と思い出すことができます。**今、種を蒔いておくことで、数年後のあなたのファッションが面白い方向へ変わるかもしれません。**ぜひ定期的に「びっくり試着」をしてみてくださいね。

「ファッション日記」をつけてみよう

新しい服を買って身につけて「一時的におしゃれになること」はできたとしても、**「満足いくおしゃれの継続」ってなかなか難しい**もの。

服を買って少し時間が経って周りの反応を見てしまうと、「本当にこの道で合ってる？」とまた迷路にUターンしてしまうことも。目的地が分からないまま道を進むのは、どんな勇敢な冒険家でも不安です。

かといって**「未来への地図を一から作るのも自信がない」というときは、まずは自分の歩んできた道、すなわち「自分の日々着ている服」を振り返ってみる**ことが大切です。

振り返りをすると「今年の夏服は満足できたな」とか「去年から新しいコートが欲しかったんだよね」と自分のファッションの現状に目を向けられます。

モヤモヤファッションの原因が分かったら、具体的な改善策が必ず見えてきます。

そのとき、力になってくれるのが「ファッション日記」です。

みなさんは日記を書くのは好きですか？

私は10歳くらいからずっと手書きの日記を続けています。その日の出来事や会った人のこと、会話の内容、感じたこと、食べたものや買ったもの、着ていた服などを**一日の終わりに書くと頭がスッキリ、よく眠れる**のです。

毎日書いていると思いがけないタイミングで「ハッ」と自分の本心が出てきたり、読み返したときに「毎回このこと考えているな」と俯瞰できたり、突然「ピカッ」と問題の解決方法が閃くことも！

自分のファッションを記録して振り返ると必ず解決策が浮かび上がってきます。

「3年日記」おすすめです

数年前、高橋書店さんが発売している「3年卓上日誌」という商品に出会いました。3年日記は一ページに3年分の同じ日付の日記を残すことができるというものです。ページを開くと昨年の同日に何をしていたのか（着ていたのか）が一目で分かります。いろんなメーカーさんから発売されていて価格は2000円くらいですので、気に入ったものを選んでみましょう。服選びに真剣に向き合いたいなと思ったとき、3年日記は優しく並走してくれます。

3年日記に書く内容

①**今日着た服**（絵を描いても、文字で書いてもOK）
②**着た服の感想**（お気に入りの服で嬉しかった、生地が薄くて寒かったなど）

③**来年の自分にメッセージ**（次は襟付きのシャツが欲しい、秋冬はブーツが欲しいなど）

私は制服化をしているのでほぼ毎日同じ服を着ているのですが、それでも書くことや気がつくことは尽きないものです。記録をつけ続けると、「**来年はこんな服にもチャレンジしたいな**」とプランがすんなり浮かぶようになりました。積み重ねの大事さをひしひしと感じています。

満足いく服選びは一日にして成らず！　忙しいときは書き忘れてもＯＫです。月に何日かでもいいので、ゆるっと続けていきましょう（続かなくなったら途中でお休みして、また再開しましょう）。

3年日記をつけるメリット

①「リアルな記録」からプランが立てやすくなる
②自分へのメッセージで買い物のタイミングを逃さなくなる

③ファッションの成長が見られて嬉しくなる

3年日記をつける一番のメリットは、過去の自分が何を着ていたかリアルな記録が残ることです。

毎年「10月って何を着ていたかな」「6月って半袖、長袖どちらを着ていたかな?」と悩んでしまうことはありませんか?（私も記憶喪失かな? というくらい思い出せないことがよくあります）

お出かけのときにしか写真を撮っていなくって、空白の2ヶ月間があると「去年の私、服着てた?」状態になることも。満足できるコーディネートができたら、次の年に引き継いでいきましょう。

また、プランを立てるときに、「自分の体感に合った季節の服」を事前に考えるって意外と難しいものです。

例えば私は夏服が大の苦手。ノースリーブや半袖の服は二の腕が気になってしまうので、真夏でも好んで「五分袖の服」を着ています。

しかし「五分袖の服」って売っている期間が本当に短いんです。毎年、ちょうどいい袖の長さの服を買い逃してしまって、メソメソと短い袖を引っ張ったり、薄いカーディガンを着てごまかしながらひと夏過ごしていました。

そんな状況を解決するために、3年日記の次の年の3月のページに**「五分袖のトップスを探して！」**とメッセージを残すことにしました。そのおかげで次の年は3月15日に無事に気に入った服を購入することができました。3年日記をつけてはじめて、心から満足できる夏の制服が作れたのです。

3年日記を使うと、暑がりの方は早めに夏服を用意したり、寒がりの方は早めにカーディガンやジャケットを用意したりと、**自分オリジナルのファッションカレンダーが出来上がります。**いつまでにどんな服を用意すると安心なのか、**日記にはヒントがたくさん書かれています。**

アナログが苦手な方は、デジタルでもOK

家に日記を置いておくことに抵抗があったり、スマートフォンの方が長続きするかも

……と思った方は、

- クローゼットの中身を管理できるアプリ（XZ《クローゼット》やJUSCLO《ジャスクロ》など）を使う
- コーディネート写真を専用のフォルダにまとめて保存する
- Instagramなどに着ていた服の写真を投稿する

などデジタルで記録を残すのもおすすめです。

手間でなければ、写真をプリントアウトして手書きの3年日記に貼っておくと、さらに見返しやすくなります。

…「ファッション日記」を実践した方の体験談…

- 自分の服を絵に描いてじっくり考えたら、手持ちの服の組み合わせで**今まで思いつかなかった素敵なコーディネートが出来上がった。**

- 毎朝、服の組み合わせを考えるのが苦痛だったけれど、去年の日記を見返したら、**「そうそうこの組み合わせが好きだった!」**と思い出せて、朝の支度が楽になった。

・去年の自分からメッセージが残っていたので**お買い物リストが出来上がった状態で新しい季節を迎えることができた。**もっと早くファッション日記を始めておけばよかった。

・ファッション日記をつけて一年経ったら**「イマイチなコーディネート」がなくなって、自分でもびっくり。**一年間の成長を感じられて嬉しくなった。

ファッション日記で「自分との対話」を楽しもう

たまにファッション日記を読み返すと**過去の自分と対話できてとても楽しい**ものです。コツコツ続ければ「自分らしい」と思うファッションが今よりはっきり見えてきます。

区切りのいい日に始めなくてもいいんです。**あなたがこの本を手に取った日がスタート日。**手持ちのノートやメモ帳に書いてみるところから、お気軽にファッション日記を始めてみましょう！

「手を飾るワーク」をしてみよう

私は小さな頃から想像の世界や概念の話が大好きで、本や雑誌ばかり読んでいる、心の世界の住民でした。

ファッションは大好きだけど、自分に自信が持てなくて、なかなか写真も撮れない＆見られない状況に苦しんでいました。友達の前で着替えたり、修学旅行で一緒にお風呂に入ったりするのも苦痛でした。

お客さまと話をしていると似たような思いを抱えている方も多く、**「服を見るのは好きだけど、自分という実体に着せるのは怖い」**というお話をよく伺います。

きらびやかなファッションの世界を自分が崩してしまうことへの恐怖や照れがあったり、自分には必要のないことだと思い込んでしまったり（これは思春期だけでなく、どんな世代の方でも感じている方がいらっしゃいます）。みんな、深いお悩みを抱えています。

自分に制限をかけずファッションを楽しむための実験

ファッションを楽しんでみたいけれど、「自分には合わないから着てはいけない」なんて制限をかけてしまって、息苦しくなってしまうことも。

私もそんな葛藤を抱えていたうちの一人だったのですが、**「想像の世界も好きだけど、現実も好きになりたいな」**と思い立ち、「自分の手」を大好きな空間の「仲間に入れてあげる」リハビリから始めていきました。

手を飾るワークはそんな

- **ファッション初心者さん**
- **コンプレックスがあってファッションを自由に楽しめない方**
- **自分の好きなものが分からなくなってしまった方**

におすすめの練習です。

このワークは、**あくまでも実験**です。

「似合うもの」や「馴染むもの」「今の生活に合うもの」を探すことが目的ではありません。肌色に合わない色のネイルでも、普段は使えない派手なラメのネイルでも、「好き」と思えば取り入れてOKです。

ときめきを取り戻すための「手を飾るワーク」

【用意するもの】

・好きな色のネイルカラー
・好きな指輪
・好きな雑貨（香水・コスメ・布・書籍・文具など）

【方法】

まずはドラッグストアなどで、「この色が好き」と思うネイルカラーをひとつ買ってみましょう（お手頃価格のものでOKです）。ポイントはただひとつ、心ときめく色を選ぶこと。自分の肌色に合わなくても、普段使えなくても、心がドキドキするものを選んでください。

できたら「指輪」も用意してみましょう（こちらもお手持ちのものや、お近くで見つけたものでOKです）。**かわいいリボンを指に巻きつけたりしても良いでしょう。工作しながら自由に**やってみましょう。

そしてお気に入りの布を広げてみたり、お気に入りの香水をそばに置いたりして写真を一枚撮ってみましょう。俯瞰して見ることではじめて自覚できることがたくさんあるはずです。

自分の手をデコレーションケーキのように飾る

クリスマスツリーを飾るように、ケーキにデコレーションするように「かわいく飾っちゃおう！」と取り組むと、上手く距離感が取れます。

このワークは実験であり、ただの遊びです。なので

・ネイルカラーをきれいに塗れなくてもOK
・手が荒れていても気にしないでOK
・手が小さかったり、大きかったり、骨張っていても気にしなくてOK
・スマートフォンのアプリを使って肌色を補正してOK

人と自分を比較して落ち込む必要は全くありません。

Xで「#手を飾るワーク」と検索するといろいろな方の作品が見られるので参考にしてみてください。これからのご投稿もお待ちしています。

…「手を飾るワーク」を実践した方の体験談…

・ネイルを塗るのはかなり久しぶりで照れてしまったけれど、**やってみたら手元がかわいくってドキドキ嬉しい気分。**気持ちが上がりました。

・ネイルをしてみたかったけれど、「ベースコートやトップコート、甘皮ケアもちゃんとやらなきゃ」なんて考えて、どんどんやらない理由が増えていました。

「そんなにちゃんとしなくていい、一日だけでも楽しんじゃおう」と思えたら気が楽になりました。

・私は自分の手が大嫌い。みんなみたいにきれいじゃないし、見るのも嫌でした。でも「誰にも見せなくていいのなら」と思い切ってワークをやってみたら、「あれ？　何だか、自分の手がかわいいかも」と思えてきました。**人と比べなくてもいいんだ、自分でかわいいと思っていいんだ、と当たり前のことに気づいたら**、ちょっと胸のつかえがとれた気持ちでした。

・**見ているだけと、やってみるのでは全く違いました。**自分の生活に馴染むものや必要なものは持っていたけれど、「好きなもの」って実は全然持っていなかったんだなぁ。そりゃファッションも楽しくならないわけだ。と発見できました。これからちゃんと好きなものを買っていこう！　と思いました。

・自分が撮った写真だけど、自分じゃないみたいで「この姿」に近づきたいなと感じました。ファッションに対するモチベーションが上がりました。

「飾る」楽しみを見つけよう

なかには「ファッションは全体のバランス感が大事だから、手を飾るだけではどうにもならない」と思われる方もいらっしゃるかもしれません。しかしこれが侮れないものです。実際に取り組んでみると「**楽しいから、耳元も飾っちゃおうかな**」とか、「**好きなアイメイクしちゃおうかな**」とか、「**ついでに髪の毛もアレンジしてみようかな**」と、飾る楽しみがいろいろなパーツに広がってきます。

「全身どこから見ても最高」というところまでいかなくても、ファッションは十分楽しむことができます。今日は手元がかわいいな。今日は袖がいい感じだな。今日はお気に入りのバッグで嬉しいな。それでいいんです。

自分の中で「いいな」と思える部分が増えてくると、ファッションがちょっと身近になって楽しくなって、少しずつ自分のことが好きになれます。コンプレックスはあるけど、消せはしないけれど、「それでも**少し世界が明るくなって、前向きに歩き出せる**」そんな気持ちに切り替えられます。ぜひ試してみてくださいね。

年4回の「断服式」は、大事なセレモニー

ファッション好きな方の中には、「新しい服を毎シーズン買うのが楽しみ！」という方もたくさんいらっしゃいます。新しい服に会うことは、新しい自分と会えること。わくわくする瞬間です。

しかし、同時に始まるのが**「新しい服」と「今まで着ていた服」のせめぎ合い！**クローゼットはパンパンを通り越して雪崩《なだれ》状態。部屋の中に「服塚」（貝塚のように積み上がった服の遺跡）がある方や、手放す予定の服をゴミ袋に入れたまま数年放置されている方、引っ越して5年経っても開けられていない服が入った段ボールがあるという方をたくさん知っています。

「どんどん服が増えていく」店員時代の苦悩

私が百貨店でスタイリストをしていた頃、よく来店してくださるお客さまがいらっしゃいました。毎シーズンたくさんの服を買ってくださるのですが、着ているのは「いつも同じ服」。

決して無理に服をすすめているわけではないのですが、「結局いつも同じ服ばっかり着ちゃって、家には着ていない服が詰まった〝開かずの間〟ができているんだよね」なんてお話を聞くたびに、「着られる数より多くの服をすすめてしまって、申し訳ないことをしているのではないか？」とちくちく心が痛んできてしまいました。

そんな私も以前はたくさんの服を持ち、つねに収納との戦いでした。**クローゼットの中で服が服を出産しているのでは？　と思うくらい、気を抜くと増えていく服！　服！　服！**

なんとなく着ないうちに季節が過ぎ去って、どんどんクローゼットが膨れ上がっていきました。着ない服を家に残しておくと、「この黒いパンツを買ったらあのブラウスが着られるかも?」という理由でまた新たな服を買ってしまいます。でも、服がありすぎて結局着ないんです。そんな**クローゼットの中身と自己嫌悪の増殖のループ**ができていました(つまり、経験者は語る……ということです)。

買い物はとても楽しいものですが、使いきれないほどたくさんの服を持っていると、自分を責めてしまう原因になるなと思ったのです。

「服の遺跡」を作らないためには、年4回の断服式《だんぷくしき》がマストです。

季節の始まりである3月1日、5月1日、9月1日、11月1日の年4回、学校生活で入学式や卒業式を行うように、ちょっと厳かな気持ちでファッションに向き合う時間。「断服式」をしてみよう！　とご提案しています。

「今は捨てるものや手放すものがないな」と思ったとしても**「見直すこと」を習慣に**していきましょう。なぜならば**断服式は「式典」**だからです！

入学式、卒業式、始業式、終業式。学校生活の中でも、区切りをつけるためや気持ちの切り替えをするために「式」があります。服と向き合うために取り組んでみてほしいと思っています。

断服式の方法

①「なりたい自分像」や「コンセプト」を書き出します
②次のシーズンの服や小物を一箇所に出します
③それらを全身鏡の前でひとつずつ身につけていきます
④これからの自分に焦点を合わせ「着たいコーディネート」を作ります
⑤「もう着ないな」と思った服は一箇所にまとめておきましょう
⑥これから着る服を「スタンバイ」（洗濯やアイロンがけや修理など）します
⑦足りないもの、着たいものが分かったら、お買い物に出かけましょう

断服式のポイント

・今どんな服を所有しているのか、今着るとどんな気持ちになるのかを確認していく作

業です。

- 次の季節に「**なにが着たいか**」、その服を着て「**どんなところに行きたいのか**」、考えながら整理していきましょう。
- これから来るシーズンの「制服」を用意することで、急に暖かくなったり、寒くなったりしても慌てず**気温の変化に対応できる**ようになります。
- まだ着られる服であっても「コンセプトに合わない服」は手放すタイミングかもしれません。
- 着ないと思った服はできれば**すぐに手放しましょう**（放置しておくと、また服塚ができてしまいます）。古着買取に出すのが早ければ早いほど次に必要とする方が喜んで着てくれます。

断服式は大事なセレモニー

断服式を何度か繰り返し、心に余裕が出てきたら次は「セレモニー」だと思って取り組んでみてください。ただ不要な服を手放すだけではなく、たくさん着た服に感謝をしたり、新入生（新しい服）を歓迎し新たなコーディネートを作ったり。新生活をスタートさせる大切な区切りの儀式です。

卒業式を迎える服たちへ

「この服はもう卒業かな……」と思ったら、自分が校長先生となって語りかけてみましょう。**「君は2020年の春に入学（購入）して、たくさん活躍してくれました！　次の新生活でも頑張ってくださいね」**そんな風に声をかけ、その服の成果や努力を讃えつつ、古着買取店にいそいそと持っていきましょう。感謝を伝えて送り出す「卒業式」ですね。

始業式を迎える服たちへ

一度袖を通してみて「今シーズンもまだ着たいな」と思う服には「始業式」を開いてあげましょう。洗濯したり、アイロンをかけたりしながら、「これから春のイベント、お花見やゴールデンウイークを一緒に過ごそうね」と語りかけましょう。

入学式を迎える服たちへ

クローゼットがスッキリしたら、ついに買い物に出かけられます。新入生を歓迎し、新生活をスタートさせる晴れやかな「入学式」として買い物に行きましょう。

今までよりもちょっと真剣な気持ちで取り組むことができるので、服を手に入れるときに、泣いてしまうくらい感動する人も多いです。そして、今までよりずっと服を大切に扱えるようになります。

…「断服式」を実践した方の体験談…

- お気に入りの靴を全身鏡の前で履いて断服式をしたら、「私、**この靴に合わない服はこれから着ないな**」と持っていた大量の服を手放すことができた。あらためて「靴が大事」を実感できた！

・これまで「こんなに服があるのに……」と罪悪感を抱きながら新しい服を買っていた。断服式をしたら、クローゼットがスッキリ！　何十年かぶりに清々しい気分で買い物ができた。**卒業式をしてから入学式をしないと、校舎も生徒たちでいっぱいで窮屈**だよね。と実感できた。

・「持っている服も多くないし、断服式をしても意味あるかな？」と思っていたけれど、いざ「なりたい自分像」や「コンセプト」と照らし合わせて手持ちの服を着てみたら、**「もう卒業だな」というアイテムがたくさん見つかった。**結局、手持ちの洋服の半分以上を手放した。

・断服式をしてみたら「なんでこの服買っちゃったんだろう」という10年以上前の服が山盛りに。必死に「こうなりたい」ともがいてきた自分の記憶が思い出されて、**私よく頑張ったなぁ、もうこれは必要ないからね**、と過去の自分を抱きしめたくなった。

・クローゼットの中の服を全部着てみたら、「**今持っている服は、これからの自分が目指したい方向とは違う**」とはっきり自覚できた。特に思い入れのある大事な服は、今までなかなか手放せなかったけれど、「セレモニーだから」と考えたら気持ちが落ち着いて、やっと向き合うことができた。

・ここ20年間一度も服を捨てていなかったので、**はじめての断服式に丸2ヶ月かかった。**泣きながら服を手放したら、どんどん気持ちがスッキリして、断服式が終わったら**別の人生が始まったような気分**になった。

アウトプット上手はファッション上手

みなさん、アウトプットするのは好きですか？

アウトプットとは、学んだことや得た知識を頭の中で考えるだけでなく、文章で書く、話す、何かを作るなど表に出すこと。自分の考えや気持ちをアウトプットするのが得意な方もいれば、なかなか上手くできなくて……という方もいます。

実は、**ファッションに深く悩んでいらっしゃる方は、「アウトプットが苦手」「自分のこと（自分の気持ち）がよく分からない」という方が多い**です。

毎日「なんだかしっくりこないな」と感じているけれど、その「なんだか」が言語化できないために納得いかない服を着続けてしまったり、本当は着たい服があっても「自分には合わないだろう」という思い込みでわざと遠ざけてしまったり……。

適度に考えたことを外に出していかないと、そんなモヤモヤした気持ちが溜まっていって、どんどん迷宮入りしてしまい、「服を買うのがつらくなってしまった」というケースもよく見られます。

「ファッション」は実はなかなか複雑な表現方法です。自分の外見のこと、内面のこと、生まれながらの境遇や、そのとき置かれている状況、日々の暮らしのあれこれ、さまざまな条件が折り重なって作られています。

自分のことをよく知らないと、心から納得のいく服を選ぶことはできません。他人の意見を無闇に受け入れてしまうと、頭の中がごちゃごちゃになっていきます。自分の意見をしっかりまとめるためにも、整理する作業は必須です。

そんなときに試してほしいのは、まずは**文章で「アウトプット」**すること。自分は何が好きで、何を考えているのか。書けば書くほど理解が進んでいきます。必ずしも人に伝える必要はありません。まずは**自分が腑に落ちる言葉が見つかるまで、書き出していきましょう。**

例えばこんなことを書いてみましょう。

・自分が着ていた服の歴史

小さな頃から今までどんな服を着ていたのか書き出してみましょう。どんな服が好きだったのか、どんなものに惹かれるのか、あらためて考えると服を通して自己理解が深まります。

・新しい服を買ったときの記録

新しい服を買ったとき、購入の決め手となった理由や、身につけたときの感情を書いておくと、自分の大切にしているポイントが分かります。

・服を手放したときの記録

なぜその服を手放したのか、理由を書いておくと、同じ失敗をすることがなくなって、次のお買い物のヒントになります。

・憧れの人や好きな人の話

憧れの人や気になる人になぜ惹かれるのか理由を書き出してみると、自分がどんな人になりたいのか、どんな気持ちで過ごしたいのか気がつくヒントになります。

・影響を受けた本や漫画や映画の記録

今まで影響を受けた本や漫画や映画など（どんなコンテンツでも）を書き出してみると、どんなテーマや作風に心が動かされたのか、好きなものを知るヒントが見つかります。

書いた文章を読み返すと、だんだん自分のことが見えてきます。

「私って意外と冷静なんだな」とか、「思ったよりロマンチストなところがあるな」とか、「どうしても理詰めになっちゃうな」など、今まで気がつかなかった「考え方の癖やキャラクター」が分かってきます。

ある程度たくさん（例えばブログの記事100本くらい）書いていくと、「人によく見られたい」とか「こうあらねばならない」というのが抜けてきて「素の自分」が顔を出します。アウトプットして見えてきた自分像は、しっくりくる「服選び」に活かせます。「何が着たいのか分からない！」と迷ってしまったときは、まずは「どんなことに迷っているのか。服選びの不安点は何か？」をどんどん書き出してみるのがおすすめです。ずっと答えが出なかった問題も、テーマを決めて書くだけで、「すんなり答えが出ちゃった」なんてこともありますよ。

自分のキャラクターを服選びに活かす方法

例えば、かっちりした文章を書く方は、トラディショナルな雰囲気のシャツやジャケット、パンツスタイルがしっくりきます。言葉少なにはっきりものを伝える方は、シンプルな服装が心にぴったりくるでしょう。

自分のことを面白く長々と話したい！　という方はファッションも装飾をつけたりカラフルにしたりするのが得意です。

自分の癖を見抜けるようになると、服選びもスムーズに進みます。アウトプットを続けていくと、ファッションと表現がどんどん一致してきます。自分の気持ちを理解し、惑わされないためにも、アウトプット力を高めていきましょう。

お悩み別、おすすめ練習方法

本章では「服は、練習」ということで、さまざまなワークをおすすめしてきました。お悩み別に、どこから取り組んでいけばいいかお伝えします。

●優柔不断で迷いやすい方

ナンバーワンを決める練習から始めましょう。

自分の中の条件やこだわりを深く知ることと、優先順位をつけてみること、そして意識的に「決断する」練習をすることで、考えがスッキリ。買うか買うまいか、手放すか残すか、潔く決断できるようになります。

●ファッションの知識がない！　とお悩みの方

社会科見学としての「買わない」お買い物を「月一回」してみましょう。「見学のしおり」を作ってからお買い物に行くことで、ファッションブランド、アイテム名、スタイリング方法など知識が増えていきます。見学で得た経験は今後の服選びに活かされます。

●いつも妥協して服を買ってしまう方

「試着100回チャレンジ」をしてみましょう。

まずは「多くの試着経験を積もう」と決めて、10店舗、20店舗と回ってみましょう。実際に身につけてみると、本当に必要なアイテムが見えてきます。試着をしてはじめて「なりたい自分像」が見つかることも。100点比べてみると、似合うものや欲しいものが明確になって、お買い物に妥協しなくなります。

●新しいファッションにチャレンジしていきたい方

「びっくり試着」をしてみましょう。

あえて今まで選ばなかった服を試着してみることで、自分の新しいスタイルが見つかるかも。「やなヤツ」と抵抗を感じたテイストの服を定期的に試していきましょう。

●この先のファッションプランが思いつかない方

「ファッション日記」をつけましょう。

記録をつけることによって、季節や時期に合わせて自分が求めているものが分かるようになります。来年の自分に「春はジャケットを買ってね」などとメッセージを残すと、次の年の「お買い物計画」をスイスイ立てられるようになります。満足いくおしゃれの継続を目指していきましょう。

●コンプレックスがあってなかなかファッションを楽しめない方

「手を飾るワーク」をしてみましょう。

コンプレックスがあってファッションの世界に飛び込むのが怖いとき、憧れの世界を写真の中に作ってみること&自分の手（身体の一部）を仲間に入れてあげることで、心が満たされ、いいアイデアが浮かんでくることがあります。忘れかけていた「ときめき」や「大好き」を思い出していきましょう！

●家の中に服が溢れて困っている方

年4回の「断服式」を必ずしていきましょう。服の見直しを習慣化することで「新しい服」と「今まで着ていた服」のせめぎ合いに終止符を打ちましょう。大切な服に語りかけていくことで、手放す勇気を持てたり、衝動買いが少なくなったりして、スッキリクローゼットが出来上がります。

●なにが着たいのか分からなくなってしまった方

自分の考えていることをどんどんアウトプットしていきましょう。他人の意見と自分の意見が頭の中でごちゃごちゃになって「好きなもの」が分からなくなってしまったら、気持ちを文章にして書き出す練習をしていきましょう。文字で書いていくと、ある日突然するっと「本音」が出てくることもあります。出すことで、自分のことを深く理解できるようになります。

気になるところからどんどん取り組んでいきましょう！

5

服は、生き方

自分の可能性を広げる服選び

ファッションに関する相談を受けていると、必ず生き方や人生の話に繋がっていきます。私たちはただ服を着て静かにじっとしている存在ではなく、服を着て活動しているもの。「どんなところに生まれてどんなところで育って、どんなことを学んで、どんな人に会って、どんなことを考えながら生きてきたのか」**自分のストーリーが語れなければ、満足のいく服選びはできません。**

そんな風に考えると「これからどう生きていきたいのか」という問いかけは、服を選ぶときに、とてつもなく重大なテーマとなるはずです。

「なりたい自分」をちゃんと考えることは「あれもできる、これもできる」と可能性を広げることに繋がります。自分が制限をかけているだけで、服だって実はあれも着られるし、これも着られるんですよね。

その「したい↓できる」「着たい↓着られる」の視点を持つと、選ぶ服やクローゼットの中身も大きく変わっていきます。「なりたい」というのは、外見だけでなく、心からの願望です。**「こんな風に生きていけたらいいな」という叫びを身に纏っていきましょう。**

「考えるファッション」で自分の未来が変わっていく

ここまでの章で、「たくさん練習しよう」「たくさん考えよう」と伝えてきました。もしかしたら**「練習とか、修業とかじゃなくって早く答えを教えてよ」**と思った方もいらっしゃるかもしれません。

私も「これさえ買えば大丈夫！」と言い切りたいところなのですが、なんせ人の心は複雑怪奇。答えはその人しか持っていません。そして**複雑だからこそ、服選びは面白い**のです。

本書で大切にしたのは、「自分を好きになる」ことと、その過程です。周りの目を気にして「着せられた服」で自分を心から好きになるのはなかなか難しい。「自分で何を選び取ったのか」という部分を大切にしてほしいのです。

ファッションの良いところは「モノ」も「体験」も手に入ること

そんな悩ましい練習の中でも、ファッションの良いところって「目に見える」ところなんですよね（何を当たり前のことを、と思われるかもしれませんが）。

気に入った靴を買えた。最高のバッグを見つけた。大好きなアクセサリーが揃った。一歩一歩の道筋が目に見えますし、身につけられる。友達とのコミュニケーションのきっかけにもなる。成果がモノで表されると、ちょっと安心できます。

近年は「モノより体験」なんて価値観もありますが、**服選びは「モノ」も「体験」も、どちらも同時に手に入れられる**のです。何より自分の「好き」をクローゼットの中に集めていくのは、人生の純粋な楽しみや喜びになってくれます。

ファッションのことをとことん考えて選んだ方々から、こんなメッセージが届いています。

- **「服を買う決断」**ができるようになったら、**「私が自分で物事を決めてもいいんだ」**という当たり前のことに気がついた。仕事や家庭の「大切なこと」も、なぜか自分は決めちゃいけないと思い込んでいた。ファッションを選べるようになったら、会社でも家の中でも自信を持って意見が言えるようになった。

・以前は、コンプレックスだらけで人と会うのが苦手だった。服が大好きになったら、ただ、**自分が選んだ服を見てほしくて、たくさん出かけるようになった。**趣味の仲間や初対面の人とも緊張せず話せるようになって、友達が増えた。

・これでもかというくらい**深い穴を掘ってファッションについて考えてみた。**「こうなりたい、でも誰にも必要とされていないなら意味がない」と思っていたのが、「こうなりたい！　自分がやりたいんだったら、やってみてもいいんだ！」と気がついて、**人生に対してどんどん前のめりになっていった。**ただ好きな服を着るように、ただ好きなことを書けばいいと決意ができて、趣味の創作活動も続けることができた。

服選びを通して人生が変わっていく

これは単に「服選びに満足できた」というだけではなく、「服を選ぶ」という過程を通して自分の好きなものや得意なことを知って、なりたい姿を思い描けるようになったのだと思っています。

慣れてくるとモノが勝手に話し出します。

靴**「たくさん履いて出かけてね」**

バッグ**「一緒にいろいろなところへ連れて行ってね」**

服**「みんなに見せてあげてね」**

そんな風に、自分でちゃんと選んだものほど饒舌に語り出してくれます。

ファッションにグイグイ背中を押されて、行動するしかありません。

私の家にも、以前はたくさんの服がありました。しかし、そのときは全然モノが話しかけてくれませんでした。少数に厳選することで、はじめて服の声が聞こえ出したのです。きっと、今までは服に対して真摯に向き合ってこなかった罪悪感で、怖くて耳を澄ますことができなかったのだと思います。

服選びはただ「生活のために仕方なくすること」ではなく、**「自己を深く知るために必**

要な練習」です。ファッションを通して人生が変わっていく面白さ、ぜひみなさんにも体感してほしいです。

他者の視点を気にしすぎない

ファッションの話となると「**他人からこう見られたい！**」「**おしゃれだねって褒められたい！**」という話になることも多いです。その気持ち、とっても愛おしくって大切です。しかし、「**選ばれること**」「**認められること**」**にばかり重きを置きすぎると、どんどん息苦しくなってしまいます。**

他者からの期待に応えすぎると、どんどん「そうなれない自分はダメかな？」「他人から褒められないので満たされない」という思考になっていきます。

- **他人から一度でも嫌なことを言われた服を着なくなってしまう**
- **相手の反応に一喜一憂して心を揺さぶられてしまう**

ということがあったら、ちょっと注意が必要です（もちろん気にしちゃうあなたが悪いのではなく、ファッションや容姿に嫌なことを言ってくる人がいけないのですからね）。

そのうち耐えきれなくなって**心の中のモンスターがガオガオ暴れ出します。**「褒めてほしくてこの服を買ったのに、似合わないって言われた」「相手のためを思って服を選んでいるのに、自分には誰も優しくしてくれない」と、悲しい思いが溜まっていってしまうのです。


文句を言いたいだけの人の「ファッションセンス」に無理に合わせる必要はありません。できるだけ受け取りすぎない、信じすぎないようにしましょう。

「服を褒められたら嬉しい」という気持ちはもちろん素敵なことですが、「嫌なこと言われた服は捨てちゃう」という考えをセットで結びつけてしまわないようにしましょう（これは、きっと心から大事にしたい服を選べるようになると、解消されていきます）。

見ず知らずの他人を幸せにする服ではなくて、自分が幸せになるための服を真剣に選んでください。

ちくちく言葉はプラスチック、迂闊に食べないようにしよう

ファッションのいい知識や情報は「栄養」です。適度にインプットして消化して血となり肉となって活かされます。

一方、SNSなどで見かけたちくちく言葉は、「プラスチック」です。いたずらにコンプレックスを刺激する言葉は摂取する必要がないですし、消化もできません。

「この年齢であんな服はダメ」「美しくなるにはこうしなければならない」など「こうするべき」という情報に出会った場合は、「これはプラスチック、食べられない情報だな」と判断し、冷静に距離を置いてください。

プラスチックは知らず知らずのうちにお腹に溜まり、体調不良を引き起こします。**心の中のモンスターに餌を与えないように**心がけることが大切です。

気をつけていても、目に入ってしまった！　そんなときはお菓子の袋の中に入っている「食べられません」と書いてある乾燥剤を思い浮かべて「あぶなかった、食べちゃいけないものだった」と意識するだけでも変わります。

なんでも迂闊《うかつ》に飲み込まないようにしましょうね。

「好きな服」は独りよがりな服？

「好きな服を着る」と聞くと「独りよがりなのでは？」「自分のわがままなのでは？」「周りから浮いてしまうのでは？」と不安になってしまうかもしれません。

もちろんオフィスでの「きちんとした服装」や、イベント時の「セレモニー服」、冠婚葬祭の服装など、シーンに応じた「ふさわしい服装」は存在します。

しかし「それ以外の服」は**あなたの心のままに着ていい**のです。

例えば、休日に一人で映画を見に行く服や、個人的な趣味の集まりに参加する服、スーパーへの買い物に行く服なども、自由な気持ちで選びましょう。

アロハシャツが着たい！　ショートパンツが穿きたい！　サングラスをかけたい！　全身ピンク色で攻めたい！　どんどんやっちゃってください。

リモートワークの増加や社会の多様性の進展により、「どうしてもこの服を着なければならない」という場面はとても少なくなってきました。この機会に**自分自身が解放される服を選んでみましょう。**

ファッションの世界は多種多様

「ファッションの選び方・楽しみ方」は人それぞれ。

パーソナルスタイリストやイメージコンサルタント、ファッション誌のエディター、ファッションデザイナー、モデルなど一流の「プロ」と言われている人ですら、**かっこいいの基準、ファッションの楽しみ方、選び方はそれぞれ全く違います。**

今この瞬間、本屋さんにずらっと並んでいるファッション指南本も書いてあることがだいぶ違うはずです。

例えば、私は「服は愛せる数だけ持てばいい！ 少数精鋭でスッキリ生きよう！」という考えを書いていますが、「たくさん服があると、その分着回しも楽しめていいよね」という方もいます。

「個性的であれ！」と語られる本もあれば、「個性は必要ない！」と書いてある本もあります。

それぞれの著者さんが心血を注いで書いていて、さまざまな考え方があって、どれも素晴らしいものです。「どの論が正しい」「どの論が間違っている」というわけではないのです。

ファッションの世界は自由。どちらも大正解

それくらい**多種多様な論が同時に存在**しているということを嬉しく思って、自分に合ったやり方を見つけてミックスしちゃいましょう。「自由に選ぶこと」は時に不安かもしれません。しかし、**基準がたくさんあるということは、「救い」がたくさんあるということ。**

もし心が縮こまってしまったら、**思い切ってSNSなどでの情報収集を一時中断してみましょう。**自分のクローゼットを整えて、気持ちをアウトプットして、次に進みましょう。考えて考えて、「ああ、満足した。これが私のスタイルだ」と自分に言ってあげられたら、他者の視点も、自分と違う意見も怖いものではなくなります。

もし他人の服にモヤモヤしてしまったら

同様に、もし友人や同僚など「他人の服装」（好んで選んでいる服装）に対して「こうした方がいいのに」と思ってしまうことがあったら、あなたがファッションに疲れている証拠かも。ちょっと注意が必要です。

他の人が見ている世界は自分の視点と違います。
人にはそれぞれの素晴らしい美意識が存在します。

もし他人の服装にモヤモヤを感じたら、「なぜそんな風に感じたのか」を紙に書き出してみましょう。

「せっかくのお出かけなんだから、もっと明るい色を着たらいいのに」
「いい歳なんだから、もっと落ち着いたデザインの服を着ればいいのに」
「似合う服（周りからの印象がいい服）を着ればもっと人から好かれるのに」

そんな風に、昔自分が言われて嫌だった言葉、親に言われ続けたこと、実は自分が我慢していること、そして自分が知らないうちに囚われている「世間体」がボロボロ出てくるかもしれません。

ファッションに真剣に取り組んでいると、人に「こうしたらいいよ」と言いたくなってしまうときがあります。しかし、意見の押し付けには注意したいもの。**自分の美学と人の美学は違います。「混ぜるな危険」**です。

ファッションの世界はとても広大です。文化や生活が違う人たちがたくさんいます。そして**自分の知っているファッションの世界がごくごく一部であることを忘れてはいけません。**

ちくちく言葉のプラスチックを食べないようにすると、自然と自分の価値観が広がり、人のファッションに対しても尊重できるようになります。

やっと出会えた運命のワンピース

数年前に「これが探し求めていた服だ！」と思える運命の一着に出会いました。

それはワイズというブランドの半袖の黒いワンピース。この2年間で一番よく着た服です。この服と出会ったとき、**「カチリ」と自分の中で新しいスイッチが入った**のが分かりました。

見た目の華やかさや面白さはないかもしれません。私の顔色を明るく見せてくれるわけでもきれいに見せてくれるわけでもありません。人にいつも「その服いいね」と褒められるわけでもなければ、誰がどう見ても「おしゃれで素敵な服」ではないかもしれません。

しかし私はこの服が大好き！　素材としては夏服ですが、あまりにも着心地が良かったので、真冬も重ね着をしながら着てしまいました。**今では自分の身体の延長線のような気持ち**です。

このワンピースはまさに「**自分のためだけの服**」。

触り心地、着心地、生地の落ち感、着丈、デザイン、そのどれもがパーフェクト。**こんな服との出会いは、これまでの人生ではじめてでした。**

自分の人生に集中できる服を「一着」手に入れてほしい

やりたいことや達成したい目標があるときは、**「自分の人生に集中できる服」が必要**です。

・仕事でこのプロジェクトを成功させたい
・興味があることを勉強して知識を身につけたい
・自分の創作活動に没頭したい

「着ると周りの雑音が聞こえなくなる」そんな服を一着でも持っていると、スピードを落とさず走り抜けることができます。

条件としては、こんな感じです。

・快適な着心地で長時間着ていても疲れないこと
・毎日のお手入れが簡単でアイロンがけが不要なこと
・ありたい心の姿に合っていること

元気なときに着るとワッと力がみなぎって、体調が悪いときに着るとフッと包み込んでくれるような優しさがある、そんな服を見つけていきましょう。

自分のための服は、「あなたらしい」と褒められる服

「自分のため」の服を選ぶときは、「誰から見ても美しい」「世間的に優れている」なんて必要はありません。しかし、こちらがルンルン気分よく過ごしていると「あなたらしい、いい服だね！」と褒めてもらえることがあります。褒め言葉は偶然いただいた「おまけ」として嬉しく受け取っていきましょう。

「こう見られたい」という執着を一度手放してみると、心もクローゼットも軽く生きられるようになります。**自分の心を置き去りにしない服を「一セット」クローゼットに入れておきましょう。**

服で自分を表現してもいいし、隠してもいい

「自分を表現できる服を身につけよう」と言われても「いやいや、いきなりそんなこと言われても困っちゃう」と感じる人もいますよね。

ファッションで自己表現といっても、自分の心の内や性格を全部さらけ出さなければいけないのかというと、そういうわけではありません。

自分の持っている素敵なところを秘密にしたっていいんです。

きっと普段の生活でも「思っていることを全部人に伝えなければいけない場面」ってそんなにはないはずです。

隠したいことや見せたくない面があるのは、当然のこと。さらには誰もが多面的な考えを持っていて、**心の中には「いろんな自分」が同時に存在します。**

その気持ちを部分的に表現してもいいし、あえて隠してミステリアスにしてもいい。それがファッションの「素晴らしいところ」のひとつだと思っています。私の友人のDさん

とEさんの例をお伝えします。

【Dさんの例】

Dさんは営業職をしています。仕事場では明るい性格で感じたことをハキハキ言葉にして伝えるのが上手なDさん。顧客に好印象を持ってもらえるように爽やかな白シャツや、明るいカラーのカーディガンを着ています。

しかし、休日になると「活発で明るい自分」を少し休ませて、「ミステリアスで思慮深い雰囲気でいたい」という気持ちがあるそうです。

休日の服装は、少し陰のあるイメージの服（シースルー素材のトップスや暗い色合いのスタイリングなど）を選び、人とあまり活発にコミュニケーションを取らずに静かに過ごします。

どちらも本来のDさんの姿ではあるけれど、**場面によって「出す面」を変えて、ファッションで自分の表し方をコントロールしている**のです。

【Eさんの例】

「仕事は自分のペースでコツコツ進めたい！」というEさんは、職場では目立ちすぎないよう、シックな色合いの服（黒やグレーの服）を好んで着ています。

そして休日は思いっきり自分の心を解放するために、大きな花柄の服や極彩色の服、アロハシャツを着て、外食やショッピングに出かけてリフレッシュしているそうです。

DさんとEさんはファッションで自分のスイッチを切り替えて、上手に気分転換しています。

「今は構わないで」というファッションも必要

今は誰ともオープンに話せる気分じゃない（そんな体力もないし、疲れちゃう）と思うとき、誰にでもありますよね。

特に街を歩いていてキャッチセールスに毎回話しかけられてしまったり、仕事の際にプライベートな部分にズカズカ入られたりしそうになると、**「もう話しかけないで！」「土足で入ってこないで！」と感じることもあるでしょう。**

そんなときに、朗らかな服や柔らかい服を無理に着る必要はありません。もちろん、あなたが抱いている感情や考えていることをオープンに話す必要もありません。

状況が許すのであれば、少し攻撃的なモチーフの服や派手な髪色などで「**バリア**」**を張っていくのも良いアプローチ**です。

もし服装や髪色を変えたくないのであれば、態度や行動で「話しかけないでほしいオーラ」を出すことも可能です。早足で歩いたり、目線を下に向けたり、マスクで表情を隠したりといった方法もあります。

問題点があるとしたら、積極的に「仲良くなりたい人」からも「○○さんは壁があるな」と思われてしまうこと。

「話しかけづらい人だと思われたくない」と思ったら、**好きな人にはこちらから積極的にビッグスマイルと大きな手振りと明るい声で話しかけましょう！** 態度もファッションの一部です。

どんなに強い服を着ていても仕草や話し方で友好的な姿勢を見せていれば、気持ちが伝わるものです。

コントロールできていないギャップは苦しくなってしまう

また、自分が意図していないギャップは、人間関係で苦悩する原因になることがあります。

例えば「高身長でスマートでかっこいいね！」と言われがちなFさん。

周りの期待に応えたくってモノトーンのパンツスタイルなどクールなファッションを選んでいたけれど、実は内面はとても繊細です。「一人でなんでも解決できると思われがちだけど、もっと人に甘えたいのに」と外見と内面のギャップで苦しくなってしまったそうです。

また、「柔和でかわいらしいルックス」のGさん。

顔立ちに合うふわふわ優しげな服を選んで着ていたら、なかなか重要な仕事が回ってこなくなってしまったそう。「本当は責任のある仕事を任されて出世していきたいのに」と、やはり見た目とのギャップで困っていました。

現在、「外見の印象と内面のギャップがあってちょっと苦しい」と感じている方は、まずは自分の気持ちを素直に声に出してみましょう。

そして外見に合わせたファッションを選ぶのではなく、できるだけ「気持ちに合わせたファッション」にチェンジしていきましょう。

「自分のどの側面を表現するか」を、その時々に合わせて服で調整することができると、今よりも少し心が楽になります。

ファッションで自己表現をしても、隠しても、バリアを張っても、ミステリアスでもいいのです。**自分のどんな面を出したいのか、じっくり考えていきましょう。**

まずは一セット「自信のある服」を選び抜いてみる

大人になって、「お買い物はとても楽しいし気分が上がるけれど、管理する手間や手放す労力の大きさに疲れちゃった」と感じ始めた方も多いかもしれません。

こんなにたくさんの服を買って、環境に悪くないかしら？　アイロンかけなきゃいけないシャツが何枚も溜まっている！　着ていない服をこまめに手放すのも、面倒くさい！

買い物の楽しさと管理する大変さを天秤にかけて、そろそろ「後先を考えないお買い物」がつらくなってしまったという方も。

「制服化」という救世主

そんなときに私が選んだのは「制服化」という方法です。

制服化をしてから、私のファッションはより色濃く鮮やかになりました。その分、服を選ぶときには考えることも増えましたが、**思考の長いトンネルを抜けた後の爽快感は言葉では表現しきれません。**

制服化を始めてからもう5年が経ちましたが、この5年間で購入したもので**「思い出せない服」はひとつもありません。**

それどころか、ひとつひとつに強烈な思い入れがあります。「こんな理由で買って、その服を着てどこに行って、どんな思い出があるのか、そしていつ手放したのか」に至るまで、それはもう**克明に語ることができます。**

ファッションと共に成長し、共に生きている感覚が手の中にあります。着ることは生きること。まさにそのストーリーを紡いでいる最中です。

もしかしたら本書をお読みいただいて
「もっと気軽に服を楽しみたいんですが……」

「もっと楽で効率的かと思っていたのに！」

など「思っていた服選びとだいぶ違うな」と感じていらっしゃる方も多いかもしれません（ごめんなさい！）。

しかし、一度「自分とファッション」について真剣に考える時間を取ると、その後の選択がとても楽に快適に進みます。

ファッションは「結果」しか目に見えないけれど「過程」も大事

ファッションは目に見えるものなので「結果」が重視されがちです。

どんな手段で服を手に入れて、どんなエピソードを持って身に纏っても「結果が同じであれば、時間を短縮した方がいいはず」と思われてしまうこともしばしば。

しかし、我々大人のファッションは**「過程」**や**「思考の経路」がないものには、どうしても「自信」はついてきてくれない**んです……！

ファッションセンスがいい友達の服を褒めたとき、「いやいや、たまたま手元にあった服を適当に着ただけだよ」と言うかもしれません。でも、その人はやっぱり一生懸命選んで買っているし、周りに流されていないし、自分のことをよく知っている。積み重ねの結果が出ているんですよね。

自分のファッションについて、または自分の人生について「考え直すタイミング」が訪れている方に、この本が届けばいいなと考えています。

一セットの服があればいい

この本を読んで実践してくださったみなさんは、街を歩くときも、おしゃれな店に入るときも、大好きな友達に会うときも、きっとキラキラの笑顔で堂々としていられるはずです。

そして**「この服買ったエピソード、聞いて聞いて！」**と自分から話しかけているはずです。

クローゼットはまるでお花畑のように自分の見たかった世界が広がっていて「そうそう、こんな風に生きてみたかったんだよね」と心が躍っています。

つらいことや悩ましいことがあっても、**「この服を着れば自分は大丈夫！」**と心強く感じることができます。

たった一セットの服を選ぶのがこんなに大変だったなんて。

たった一セットの服があるだけでこんなに心強いなんて。

たった一セットの服を選べただけで、自分のことがこんなに好きになれるなんて！

そんな風に感じてくださったら幸いです。一緒に実り豊かなファッションの世界を楽しんでいきましょう。

付録

もし服選びに行き詰まってしまったら？

服選びをしている中で、「行き詰まってしまった」「なんだか心が弾まない」と感じたら、次のことを試してみましょう。ファッションを前向きに楽しむヒントが見つかります。

買い物場所を変えてみよう

いつも同じところにばかりお買い物に行っていませんか？
自分の定番ショップがあるのは心強いものですが、「最近、ファッションがあまり楽しくなくなってきたな」「ピンとくるものが見つかりづらくなってきたな」と感じたときは、**買い物する場所を変えるタイミング**です。

いつもと違う街、違う百貨店、違うセレクトショップ。行ってみると、新鮮な閃きが待っています。思い切って店員さんに「**新しい気分になれる服を探しているのですが、おすすめしてもらえますか?**」と話しかけてみましょう。まずは店舗に足を運んで試着をすることから。視点を変えることで服選びのときめきを取り戻しましょう。

オンラインショッピングを一度やめてみよう

とても便利なオンラインショッピング。忙しいときにありがたい存在ですよね。

「**ついついポチッと買っちゃうけれど、後悔が多いな……**」

「**たしかに〝楽〟だけど、〝楽しさ〟がないな**」

そう感じている方は、一度通販サイトでの購入をキッパリやめてみましょう。

目的もなく「何か欲しいな」と手に取りやすい価格の商品を見ていると、新作や限定クーポンに誘惑され、ついつい欲しくなってしまうからです。一度買うと「せっかく溜まったポイントを消える前に使わないと！」と、沼に入り込んで次の買い物を焦ってしまうことも。

オンラインショッピングを控えて、**「お金を貯めて数ヶ月後に実店舗でのショッピングを楽しむぞ」**と気持ちを切り替えていきましょう。もちろん、お住まいの場所やご家庭の状況によってオンラインでしか買えない方や、「便利だから楽しんで使っているよ」という方はなんの問題もありません。

ファッション好きの友達とウインドウショッピングに行ってみよう

ファッションを楽しんでいる友人に声をかけて、一緒にウインドウショッピングに行ってみましょう。友人がよく行っているショップに案内してもらったり、一緒にバッグやお財布やコスメを見るだけでも楽しいものです。

「アドバイスしてほしい」と頼んでしまうと「せっかくすすめてくれたから買わなくちゃ……」と感じてしまうかもしれません。なので、あくまでも**「一緒にいいものを見て回ろ**

う！」というスタンスで声をかけると良いでしょう。

友達と自分の手に取るものが全然違ったり、似合うものが違ったりするのを見るだけでも「ファッションの解像度」が上がります。お茶したりご飯を食べたりする合間に**「気になっているブランドの路面店に行ってみない？」**などと誘って、たまには人と一緒に行動してみるといい刺激になりますよ。

ファッション映画を見てみよう

「ファッションや流行って一体どんな人たちが作っているの？」と思ったら、ファッション映画やドキュメンタリーを見てみましょう。

デザイナーたちがどんな気持ちでものづくりに取り組んで、どんな風にファッションが作られていったのか、何を伝えたかったのかを覗き見ることができます。

注意点としては、映画の内容には過酷な人生の話やドロドロのビジネスストーリーがどうしても含まれていること。私も毎回「穏やかじゃないな」と言いながら楽しんでいます。命懸けでファッションに向き合う天才たちを目の当たりにすると、ファッションを作り出す人に対する敬意がより一層深まります。「**あのブランド、一度は手に取ってみようかな！」という大きな原動力になることも。**

例えば「**ディオールと私**」という映画では、華々しいコレクションの裏側やお針子さんの見事な手仕事、デザイナーの苦悩を垣間見ることができます。普段は見られない舞台裏を堪能できておすすめです。

デザイナーの人生に迫るおすすめ作品

「ココ・アヴァン・シャネル」
「マルジェラが語る〝マルタン・マルジェラ〟」
「We Margiela　マルジェラと私たち」
「ヴィヴィアン・ウエストウッド 最強のエレガンス」
「マックイーン：モードの反逆児」
「イヴ・サンローラン」
「SAINT LAURENT　サンローラン」
「マノロ・ブラニク　トカゲに靴を作った少年」　など

ファッションへの
モチベーションを
上げる
おすすめ作品

「ミセス・ハリス、パリへ行く」
「プラダを着た悪魔」
「ファッションが教えてくれること」　など

ぜひ、映画を通じてファッションの魅力に触れてみてください。

街ゆく人の「ファッション観察」をしてみよう

お住まいの地域で、「百貨店やファッションビルがあって、一番栄えているエリア」を探し、外が見えるカフェで街ゆく人のファッションを観察してみましょう。東京都内でしたら銀座や有楽町、新宿にあるカフェなどがおすすめです。

特に真夏や真冬のファッションは大注目です。「暑すぎる」「寒すぎる」など服選びが難

しい季節に「街の人たちはどんな風にファッションを楽しんでいるのか？」その着こなしを見てみると、

「Tシャツ一枚でもこんなにおしゃれに過ごせるの？」

「鮮やかな色のコートってステキ！」

「全身黒のコーディネートに赤いバッグってかっこいいな」

とコーディネートやアイテム選びのヒントが見つかります。

また、ホテルでランチを楽しむときや、観劇やコンサートに行くときも、少し余裕を持って出かけてその場所に来ている人たちを観察してみましょう。

落ち着いた大人のファッションや、気合を入れたお出かけ着を見ることができて思わずニコニコ。おめかししている方のリアルなファッションはとても参考になります。（じろじろ見すぎて周りの方の迷惑にならないように）ちょっと覗かせてもらいましょう！

昔好きだったものを「セルフカバー」してみよう

学生時代のアルバムやスマートフォンの写真フォルダを見ながら、その当時持っていたバッグや靴、お気に入りだった洋服などを思い出してみましょう！

「あの頃はピンク色が好きだったな」

「ラメラメのデコネイルをしていたな」

「ポップな配色でカジュアルなファッションを楽しんでいたな……」

など、印象的なファッションとそのときの気持ちを書き出してみてください。

そして、「**あの頃の気分になるには、どんな服を着たらいいかな？**」と想像してみましょう。

「**今の自分に合うピンクを探そうかな**」

「**フットネイルをラメラメにしちゃおうかな**」

「**休みの日にカジュアルな服を着ちゃおうかな**」

と過去の自分の好みや思い出にインスピレーションを受け、「**セルフカバー**」してみるのもいいものです。

おわりに

最後までお読みいただき、本当にありがとうございました。この5年間、ファッション教室の受講者さんたちと共に、日々悩んで迷って挑戦しながら「どうしたら満足する服選びができるのだろう」と考え続けてきました。

そこでやっぱり服選びの悩みって、「お洋服のこと」だけではないな、とつくづく感じたのです。

今まで見て見ぬふりをしてきた自分の外見のこと、考え方のこと、仕事のこと、ライフスタイルのこと、そしてこれから歩んでいきたい方向まで、全部引っ張り出して自問自答しないと、まとまらないもの。

しかも、価値観や満足できる基準は人それぞれ。

目指す場所（ゴール）はみんな違うのです。

服選びのヒントになる情報はたくさんありますが、深い意味での「なりたい自分像」は誰も教えてくれません。なぜならば誰にも教えられないのです。それは自分にしか知りえないことだし、自分にしか探求できないものだから。

そして、その扉の開き方は、考えて、行動して、練習して。少しずつ摑んでいくしかありません。最初の一歩を踏み出すのは怖いけれど、一度歩き出せば大丈夫。あとは進むだけです。

私も、読者のみなさんと一緒にその探求を続けていきたいと思っています。

この本の内容すべてをみなさんの日常に取り入れなくていいんです！

「とりあえず、試着に行ってみよう！」

「とりあえず、ファッション日記をつけてみよう！」

「とりあえず、断服式をしてみよう！」

と、ピンときた箇所や、できそうなところから始めてみてくださいね。

たった「一セット」真剣に選ぶだけで、わっと人生が開けます。

クローゼットに自分だけの豊かなお花畑を作って育てていきましょう。

この本を手に取ってくださったみなさま、出版に関わってくださったみなさまに心からの感謝を込めて。

あきや　あさみ

２０２４年２月

カバーイラスト　一乗ひかる
ブックデザイン　山家由希
DTP　美創

あきや あさみ

一年3セットの服だけで生きる制服化スタイリスト。
1985年、東京生まれ。2008年、日本女子大学家政学部被服学科卒業後、都内百貨店に入社。
パーソナルスタイリスト、セレクトショップバイヤーを経験後、2018年に退社しファッションスタイリストとして独立。独特なファッション論を情熱的に語るnoteが評判となり、そのスピリッツとノウハウをまとめたはじめての本『一年3セットの服で生きる』（幻冬舎）を出版。本書ではさらに深化した手法を伝授。

自問自答ファッション教室

オリジナルの教材で心から「自分らしいな」と腑に落ちるようなスタイルを共に考え、見つける「自問自答ファッション教室（グループレッスン）」を開催中。

note「自問自答ファッション通信」
https://note.com/jimon_jitou

公式ブログ「自問自答ファッション通信」
https://www.jimon-jitou.com

X（旧 Twitter）
@jimonjitou_

Instagram
@jimonjitoufashion

「一セットの服」で自分を好きになる

2024年4月5日　第1刷発行

著　者　あきやあさみ
発行人　見城 徹
編集人　菊地朱雅子
編集者　竹村優子

発行所　株式会社 幻冬舎
〒151-0051東京都渋谷区千駄ヶ谷4-9-7
電話　03(5411)6211(編集)
03(5411)6222(営業)
公式HP:https://www.gentosha.co.jp/

印刷・製本所　株式会社 光邦

検印廃止

ISBN978-4-344-04258-2　C0095

この本に関するご意見・ご感想は、
下記アンケートフォームからお寄せください。
https://www.gentosha.co.jp/e/

好評発売中！

あきやあさみさんの既刊

◆◆◆

『一年3セットの服で生きる「制服化」という最高の方法』

服選びの苦しみから
さっさと抜けだそう！

制服化スタイリスト
あきやあさみ◎著

一年3セットの服で過ごす
人気スタイリストによる、
少しの服で「自分らしさ」を作る方法

幻冬舎

単行本　定価1540円（本体1400円＋税10％）
＊電子書籍でも販売中